월세 낼 돈이면
경매로 집 산다

KB192265

월세 낼 돈이면
경매로
집 산다

안영태 지음

한국경제신문

무일푼으로 시작한
부동산 경매

예전에 내가 그랬듯이 누군가 내 이야기를 읽고 생각이 바뀌고, 그 생각을 행동으로 실천하여 결과를 얻고, 그 결과로 희망과 경쟁력을 가졌으면 하는 작은 바람에서 이 책을 쓰게 되었다.

이 책에 소개되는 사례는 전부 내가 직접 경험한 일들이며, 누구보다 평범했던, 아니 어찌 보면 평범하지 못해 시작된 일이었다.

중학교 1학년 때, 부모님의 갑작스런 이혼으로 IMF 때도 끄떡없던 집안 사정이 한순간에 어려워졌다. 아직 어렸기에 부모님의 이혼은 내게 큰 상처가 되었다. 사춘기로 한참 다른 사람들의 시선에 예민하던 중학교 3학년, 나는 아무런 연고도 없는 뉴질랜드로 두 살 어린 동생과 함께 무작정 유학길에 올랐다.

뉴질랜드에는 아는 사람이 없었기 때문에 모든 것이 두려웠다. 나를 보호해줄 사람은 없고, 보호해야 하는 어린 동생만 있었던 그곳에서의 2년. 믿었던 한국 사람에게 사기를 당하고, 돈이 없어 매일 눈칫밥을 먹어야 했으며, 내일은 어떻게 버텨야 할지 몰라 제대로 잠들 수 없었다. 어린 나이에 돈에 쫓기며 지내야 하는 타지의 생활이 너무도 벅차 2년 만에 다시 한국으로 돌아왔다.

그러나 한국에서도 내가 갈 곳은 없었다. 부모님과 함께 살 형편이 못 돼 몇 개월간 친척집에서 지냈고, 그 이후에는 돈이 없어 원룸, 쪽방, 하숙집, 고시원, 오래된 오피스텔을 전전하며 지냈다. 이런 상황은 내 집 마련이라는 절실한 목표를 갖게 만들었고, 자연스럽게 부동산에 관심을 갖게 되었다. 목표가 생기자 남들의 이목 따윈 신경 쓰이지 않았다. 남들 다 가는 대학에도 가지 않고, 나는 그저 내 집 마련을 시작으로 부동산에 내 모든 것을 걸기로 마음먹고 쉴 새 없이 달렸다. 그 결과 부모 도움 없이는 30대에도 마련하기 힘들다는 내 집 마련을 스물세 살 때 혼자만의 힘으로 당당히 이뤄냈다.

그때의 성취감은 이루 말할 수 없었다. 나는 또 다른 성취감을 느끼기 위해 계속 도전을 했고, 스물여덟 살에 많지는 않지만 적지 않은 자산을 쌓게 되었다. 무일푼이었던 내가, 대학도 가지 않고 대한민국에서 이만큼의 자산을 만들었다는 것에 대해 큰 자부심을 느끼고 있다.

사람들은 종종 어린 나이에 어떻게 부동산에 관심을 가지게 됐고, 부모 도움 없이 수많은 부동산들을 취득하게 되었냐고 묻곤 한다. 그러면 나는 그저 그때의 상황이 절실했기 때문에 다른 사람의 시선에 연연하지 않고 목표를 향해 묵묵히 노력했을 뿐이라고 말한다.

이제는 그 결과물을 많은 사람들과 나누고 싶다. 열심히 산 것 같지만 내 집 한 채 마련하기 힘들고, 애초에 가진 것이 없어 희망을 가질 수 없다고 말하는 사람들에게 내 노하우를 전하고 싶다.

핑계만 댄다면 지금보다 나아질 수 없다. 지금까지 노력하던 방법으로 성공하지 못했다면 다른 방법을 찾아야 한다. 다른 방법을 찾으려면 생각을 바꿔야 한다. 생각을 바꾸는 것이 첫걸음이 될 것이다.

안영태

차례

| 1장 |

대학 대신 부동산에
모든 것을 걸다

| 4장 |

큰돈 없이도 할 수 있는
토지 투자

| 5장 |

무(無)에서 유(有)를 만드는
투자법

1장

대학 대신
부동산에
모든 것을 걸다

원룸, 고시원에서
시작한 꿈

IMF 때도 끄떡없던 우리 집이, 2000년 밀레니엄 시대를 맞이하자마자 갑작스런 부모님의 이혼과 함께 무너지기 시작했다. 당시 중학교 1학년으로 사춘기를 겪고 있던 나는 부모님의 이혼을 받아들일 수 없었다.

부모님께선 살고 있는 집을 팔아 나와 동생을 뉴질랜드로 유학을 보내주셨다. 뉴질랜드에 도착해서 한국인 하숙집에 머물었는데, 매일같이 어린 내게 돈을 뜯어가려는 하숙집 아주머니 때문에 하루하루가 스트레스였다.

가장 큰 스트레스는 보호자(가디언) 명목으로 요구한 1인당 400

만 원에 달하는 수수료였다. 나와 내 동생까지 합치면 800만 원이나 되는 거액이었다. 말만 보호자일 뿐 나와 동생이 사고를 치지 않는 이상 가디언은 특별히 하는 일도 없었다.

다행히 좋은 한국인을 만나 그 집에서 2개월 만에 나올 수 있었고, 피해를 입은 유학생 몇 명이 한인회에 모여 그 하숙집 아주머니와 합의를 본 끝에 피해 금액의 80%를 돌려받았다.

이후 새로 이민 온 한국인 집에서 다시 하숙을 했는데, 매주 하숙비를 내는데도 불구하고 청소, 설거지, 빨래 등 매일같이 집안일을 시켰다. 아직도 하숙집 주인 아주머니가 한 말이 생각난다.

"나는 너희를 가족처럼 대해준 거야…."

얼굴도 처음 본 사람들인데 어떻게 가족처럼 대해준다는 말인가.

그곳에서도 오래 지내지 못하고 뉴질랜드에서 제일 저렴한 현지인 할머니가 운영하는 하숙집에 들어갔다. 한국인이 운영하는 하숙집에 머무르려고 했던 이유는 같은 민족이기에 믿고 기댈 수 있을 거라 생각했기 때문이다. 하지만 오히려 낯선 외국인의 집에서 근심 걱정 없이 더 편하게 지낼 수 있었다. 마음이 편해지니 학업에도 열중할 수 있었다. 유학을 떠난 지 4개월 만이었다.

뉴질랜드에서 공부하면서 가장 충격을 받은 것은 바로 시험이었다. 한국의 시험은 객관식으로 정해진 답을 찾아서 선택하면 되지만 뉴질랜드의 시험은 문제의 수도 훨씬 적을 뿐만 아니라 주관식으로 답을 적고 왜 그것을 정답이라고 생각하는지에 대한 이유를 적어야 했다. 창의적인 생각으로 답을 적으면 더 높은 점수를 주기도 했다.

그때부터 한국처럼 정답만 달달 외우는 방식이 아니라 그것이 왜 답인지에 대해 항상 의문을 가졌고, 좀 더 창의적으로 생각하기 위해 노력했다.

안타깝게도 처음부터 한정된 예산이 있었기 때문에 2년간의 유학 생활을 마치고 한국으로 귀국해야 했다. 귀국하자마자 고향인 제주도로 갔지만 부모님과 함께 살 수 없는 상황이었다. 그래서 잠시 외할머니 댁에 머물다가 남들처럼 수능 공부를 하기 위해 제주시의 한 원룸에서 난생처음 자취를 시작했다. 그 원룸은 처음이자 마지막으로 부모님이 1년간 임대료를 지원해준 곳이었다. 그곳은 내가 20대 중반까지 살았던 곳 중 제일 좋은 곳이었다.

원룸은 4층이었는데 창문 밖으로 여자고등학교가 보였다. 당시 나는 독학으로 수능 공부를 하고 있었다. 열심히 공부했지만 밤 11시만 되면 공부에 집중할 수가 없었다. 밤 11시는 야간 자율 학습을 마친 아이를 부모가 데리러오는 시간이었다.

참으로 부럽고 서글펐다. 그들은 부모님의 보호 아래서 공부만 열심히 하면 되지만 나는 청소도, 식사도 모두 내가 직접 해결하면서 공부를 해야 했으니 말이다.

그렇다고 상황만 탓할 수는 없는 노릇이니 그저 당장에는 내 공부만 열심히 했다. 그렇게 하루하루 수능 준비를 하고 있었는데 한 가지 사건이 일어났다. 수능이 2주일 남았을 때였다. 정말 우연한 기회에 부동산 재테크 책을 읽게 되었고, 그 책 한 권을 통해 '내가 왜 공부를 하고 있지?' 라는 생각을 하게 되었다. 내 인생을 180도 바꾸는 계기가 생긴 것이다.

당시도 지금처럼 청년 실업이 계속되던 때였다. 원하는 대학에 입학하더라도 경쟁력을 빵빵하게 갖추지 않는 이상 좋은 회사에 취업하기는 힘들 것 같았다. 돈도 문제였다. 대학을 다니는 동안 등록금과 생활비로 1년에 2,000만 원 정도는 들어갈 것 같았다.

운이 좋아 번듯한 회사에 들어가더라도 사회초년생 때부터 많은 빚을 떠안고 시작한다는 현실은 나에게 그다지 매력적이지 않았다. 남들 다 가는 대학이지만 대학을 가는 것이 정말 옳은 일인지 의구심이 들었다.

결국 부모님의 반대에도 불구하고 대학에 가지 않기로 결심했다. '대학 대신 부동산에 내 모든 것을 걸리라…' 대학에 가지 않는 것은 그저 대학생이 되지 않는다는 것 이상의 의미가 있었다. 그동안은 부모님께 생활비를 받았지만 이제부터는 내 힘으로 살아야 했다. 진정한 의미의 독립 생활이 시작된 것이다.

그때의 기분은 마치 유학을 처음 갔을 때처럼 아무런 연고도 없는 낯선 땅에 온 느낌이었다. 그래도 그때는 가디언이라도 공항에 마중을 나왔지만 이번에는 그런 최소한의 안전장치도 없었다.

이제 막 사회생활을 시작한 나는 마중하는 사람 없이 일자리부터 찾아야 했다. 하지만 대한민국에서 학벌도, 기술도 없는 나를 받아주는 곳을 찾는 건 쉽지 않았다. 날 받아주는 곳은 이상한 회사이거나 괜찮은 회사는 급여가 적었다. 소위 말하는 열정페이 정도에 불과했다.

학원에서 강사로 일하기 시작했지만 급여는 월세와 생활비를 충당하기에 턱없이 모자랐다. 내 집 마련을 위한 종잣돈도 모아야 했기에 저녁에는 과외를 하기로 마음먹었다.

하지만 아는 사람이 없어 학생을 직접 모집해야 했다. 옆 동네 아파트 게시판에 직접 만든 과외 모집 광고를 붙였다. 그때는 전단지를 붙이는 데 사용료를 내야 하는지 몰랐다. 다음 날 전화가 왔는데, 과외 광고를 불법으로 붙였기 때문에 벌금을 내야 한다고 했다. 사정사정해서 벌금은 내지 않았지만 그날 저녁에 나는 전단지를 떼러 그곳까지 30분을 뛰어가야 했다.

땀을 삐질삐질 흘리면서 전단지를 모두 회수하고 집으로 돌아오는 길에 발걸음은 또 얼마나 무겁던지…. 그래도 가만히 앉아 있을 수는 없는 노릇이었다. 그 이후에는 아파트 단지 내 집집마다 초인종을 누르면서 판매 사원처럼 돌아다니기도 했다.

남의 집 초인종을 누르는 것이 얼마나 힘들고, 떨리는 일인지 해보지 않은 사람은 모를 것이다. 그 덕분에 초보 시절, 경매 나온 집 초인종을 누를 때는 그렇게 큰 부담이 없었다.

많은 집들을 돌아다녔지만 결국 한 명의 학생도 모으질 못했다. 나는 고민 끝에 지역 신문에 과외 광고를 내기로 했다.

신문에 이미 실린 다른 과외 광고와 차별화를 두기 위해 나는 저렴한 과외비를 제시했다. 반응은 폭발적이었다. 과외를 하면서 참 많은 집들을 방문했고, 집집마다 구조와 인테리어 등을 살필 수 있었다. 한번은 외관이 정말 허름한 빌라였는데, 집 내부는 최고급으로 인테리어가 돼 있어서 놀란 적이 있었다. 외관보단 내부가 더 중요하다는 것을 직접 보고 깨달은 것이다.

이렇게 매일같이 쉬지 않고 투잡을 뛰었지만 한 달에 버는 돈은 200만 원을 넘지 않았다. 대학을 포기했을 때는 나름대로 잘 살아낼 자신이 있었는데 점점 세상이 두려워지기 시작했다.

나는 한 푼이라도 아끼기 위해 외삼촌 댁에 잠시 살았지만 폐를 끼친다는 생각에 곧 고시원으로 이사를 갔다. 좁고 초라한 고시원에서 살기 시작한 후로 내 짐은 딱 차 한 대에 실을 수 있는 정도만 가지고 다녔다.

고시원으로 이사한 후부터는 밥도 1,000원짜리 김밥으로 해결했다. 김밥에 물리면 5,000원짜리 해장국을 배달시켜서 해장국만 먹고, 반찬은 남겨뒀다가 저녁에 비빔밥을 만들어 먹었다.

군대를 제대한 후 서울의 기획부동산에 다닐 때도 성남의 좁디좁은 고시원에서 지냈다. 그렇게 하숙집, 오피스텔, 원룸, 쪽방 등을 전전하며 20대 중반까지 살았다.

　오피스텔도 말이 오피스텔이지, 엘리베이터를 탈 때마다 추락할 것 같아 마음속으로 항상 기도를 해야 할 정도였고, 화장실은 세탁기를 놓을 자리도 없을 만큼 작아 항상 손빨래를 해야 했다. 오피스텔은 아파트나 빌라와 같은 평수라도 전용면적이 작아서 집이 좁았다. 원룸도 벽이 콘크리트가 아닌 석고보드 한두 장으로 대충 가벽처럼 세워놓은 것이라 고시원만큼 방음이 안 됐다.

　쪽방에서 살 때는 환기가 제대로 안 돼 곰팡이가 방 곳곳에 피었고, 심지어 옷에도 곰팡이가 슬었다. 그때 곰팡이에도 여러 종류가 있다는 것을 알게 되었다. 곰팡이 냄새 때문에 잠들지 못한 적도 많았지만 피곤하면 어느새 잠든 내 자신을 발견하곤 했다.

　그래서 나는 더욱더 빨리 내 집을 갖고 싶었다. 내 집을 마련할 수만 있다면 지금 잠시 쪽방이나 고시원 등에 사는 것은 충분히 참아낼 수 있었다. 내가 남보다 더 많이 집이라는 공간과 의미에 집착하는 이유는 이러한 경험들 때문인 것 같다.

　나는 '사람은 집을 만들고, 집은 사람을 만든다'라는 말에 매우 공감한다. 좋은 집에 살아야 기분이 좋아지고 몸과 마음이 건강해져 다른 일도 잘할 수 있다.

　여기서 좋은 집이란 비싼 집이 아니라 내가 편안하고 행복하

게 살 수 있는 곳을 말한다. 좋지 않은 집에 살고 있다면 지금부
터라도 좋은 집에 살 수 있도록 노력하면 된다. 부동산에 들러
매물로 나온 집이나 모델하우스를 구경하면서 어떤 집에서 살고
싶은지 생각해보는 것도 좋다. 이런 경험들이 더 좋은 집으로 이
끌어줄 것이다.

무리에서 과감히
빠져나와라

동물의 세계에는 육식동물과 초식동물이 있다. 육식동물은 개체 수가 초식동물보다는 적고 보통은 스스로 사냥하며 살아간다. 초식동물은 개체 수가 많고 무리 지어 다니며 서로를 보호하며 살아간다.

사람의 삶도 육식동물과 초식동물처럼 나눌 수 있다. 대부분은 무리 지어 살면서 주변의 다른 사람들과 함께 있기 때문에 위험이 줄어들 것이라고 생각한다. 초식동물의 성향을 가진 사람들은 '어떻게든 남들만큼은 해야 해. 그래야 뒤처지지 않아' 라고 생각한다. 무리가 가는 곳을 따라가지 못하면 크게 불안해한다. 그들은 '왜' 라는 생각을 하지 않은 채 뒤처지지 않기 위해 남들 뒤를 따라가기에 바쁘다.

나는 대학 입시를 앞두고 처음으로 이 점에 대해 의문을 가졌다. 무리 안에 있으면 처음에는 안전하고 마음도 편하겠지만 경쟁자들이 많기 때문에 내 몫은 줄어들 수밖에 없다.

그래서 나는 19세에 무리를 떠나기로 결심했다. 수능을 며칠 앞두고 내린 결정이라 정말 큰 용기가 필요했다. 만약 내가 운이 좋아 명문대에 합격하고, 학자금 대출을 받아 힘겹게 대학을 졸업해 대기업에 취직한다고 해도 그 후의 미래가 보이지 않았다. 무엇보다도 그것은 내가 원하는 삶이 아니었다. 대학을 나와야 한다는 편견을 깨고 다른 방법으로 내 미래를 만들기로 했다.

하지만 그 선택에 주변 사람들의 반대와 실망의 소리를 들어야 했다. 아무도 내가 가는 길을 지지해주지 않았다.

시간이 흘렀지만 여전히 그때 대학에 갔어야 했다는 이야기를 듣는다. 남들은 대학에 다니며 공부할 때 이 일 저 일 힘든 일을 전전하며 사는 것이 낙오자처럼 비춰지기도 했다. 나를 걱정해서 하는 말이라는 것은 알지만 주변 사람들의 말을 귀담아듣지는 않았다. 그들은 나를 책임지지 않으며, 내가 가고자 하는 길을 가본 것이 아니기 때문에 나는 주변의 조언보다는 내 선택을 믿었다. 나는 이미 스스로 내 자신을 벼랑 끝으로 내몬 상태였고, 힘들 때마다 내가 원하는 삶을 상상하며 이를 악물고 버텼다.

무리에서 이탈하는 것은 당연히 위험하다. 그동안 초식동물처럼 살아왔기 때문에 스스로 사냥하는 법도 모르고 날카로운 송곳니도 없다. 반면 나를 공격하는 존재는 점점 많아진다. 결국 원래의 삶이 그리워지고, 무리에서 나온 것을 진심으로 후회하며 대부분은 변화하지 못하고 무리로 돌아간다. 하지만 그 시간을 견뎌야 사냥하는 노하우가 생기고 날카로운 송곳니가 자라는 자신을 발견할 수 있다.

이렇게 맹수가 되면 며칠에 한 번씩 사냥을 해도 충분히 배불리 먹을 수 있고, 밤잠을 설칠 필요가 없으며, 낮에도 편안하게 쉴 수 있게 된다.

이 글을 읽고 무리를 떠나기로 마음먹었다면 지금 당장 시작하라. 지금 당장 무리를 떠나라는 이야기가 아니다. 지금부터 스스로 먹잇감을 사냥할 수 있는 준비를 하라는 뜻이다. 그 준비의 과정은 참으로 외로운 길이니 독하게 마음을 먹어야 할 것이다.

지금은 내게 실망하고 나를 말리던 주변 사람들이 누구보다도 내 선택을 응원하고 지지해준다. 잠깐의 방황도 있었고 힘든 시간이었지만, 단연코 내 인생에서 가장 잘한 일은 남들과 다른 길을 간 것이다.

결심한 순간
바로 실행하라

내가 부동산 경매를 처음 접했을 때의 느낌은 마치 사막에서 오아시스를 발견한 것과 같았다. 그동안 나는 투자는 위험한 것이라고 생각했다.

사실 부동산 투자는 미래 가치를 예측하고 매수하기 때문에 시세가 올라야지만 이익을 얻을 수 있다. 시세에 변동이 없어도 세금 및 각종 수수료는 납부해야 하므로 결국엔 손해다.

하지만 부동산 경매는 주식이나 일반 부동산 투자와는 달랐다. 이미 그 부동산의 시세가 나와 있는 상황에서 내가 현재의 시세보다 낮게 낙찰을 받으면 그 차액만큼의 수익이 즉시 생기기 때문이다.

많은 수익을 얻기 위해서는 위험을 감수해야 한다. 하지만 사람들은 위험을 두려워한다. 힘들게 한 푼 두 푼 모은 돈을 한 순간에 모두 잃을 수 있기 때문이다.

부동산 경매에 위험이 전혀 없는 것은 아니지만 충분한 수익을 얻으면서 손해볼 위험을 줄일 수 있는 1석 2조의 투자처임은 분명하다.

부동산 경매를 통해서라면 빠른 시일 안에 내 집 마련이 가능할 것이라는 생각에 무척 설레던 스무 살의 내가 떠오른다. 더 이상 집주인의 눈치를 보지 않아도 되고, 햇볕도 들지 않고 방음도 되지 않는 좁은 집에 비싼 월세를 내며 살지 않아도 된다는 희망이 보였다.

아무것도 모르고 투자를 할 수는 없으니 나는 그때 부동산 경매 관련 책을 수도 없이 읽었다. 그러고 나서 책으로만 익힌 지식들을 직접 실천해보기 위해 현장 조사를 나갔다.

주민센터에서 전입세대열람을 신청하면 내 주민등록증의 나이를 보고 담당 공무원들이 깜짝 놀라기도 했다. 처음에는 부동산 중개업소에 들러 주변의 시세에 대해 물을 때 무슨 말을 하는지 이해하지 못한 적도 많았다. 그렇게 두근거리는 첫 현장 조사 끝에 2,000만 원짜리 물건에 입찰했다.

첫 입찰을 하기 전에 몇 번이고 법원에 가서 다른 입찰 진행

상황을 지켜봤지만 내가 직접 입찰을 하는 것과는 차이가 컸다.

돈을 버는 사람과 벌지 못하는 사람의 가장 큰 차이는 '행동' 이라는 것을 느꼈다. 돈을 버는 사람은 무엇을 결심하면 즉시 행동으로 옮기는 반면, 돈을 벌지 못하는 사람은 결심을 해도 '나중에 하자' 라는 생각으로 시간을 허비한다. 그나마 언젠가 행동을 하면 다행이다. 시간이 흐르면 결심은 어디론가 사라지기 마련이다.

나는 대학 대신 부동산에 뛰어들겠다는 생각을 한 후 바로 행동으로 옮겼다. 만약 대학 진학 후 졸업을 하고 나서 직장 생활을 하며 틈틈이 부동산 공부를 하겠다고 차일피일 미뤘다면 지금 내가 보유하고 있는 자산들은 남의 손에 있을 것이다.

남의 손에 있는 자산을 빌려 쓰기 위해서 내가 힘들게 번 돈을 매달 월세로 내야 한다고 생각하니 한숨이 나온다. 그러한 상황이 되지 않기 위해서는 지금부터 시작하자. 기회가 오기를 기다리는 것이 아니라 직접 찾아간다면 더 많은 기회가 주어질 것이다. 그리고 그 기회를 얻기 위해서는 시간이 필요하다. 그 시간은 당신에게 경험을 줄 것이고, 이러한 경험은 훗날 기회가 왔을 때 바로 잡을 수 있는 자신감을 줄 것이다.

자기 확신을
밀어붙여라

EBS에서 방영한 〈인간의 두 얼굴〉이라는 다큐 프로그램을 본 적이 있다. 이 프로그램은 총 31가지 실험을 통해 인간의 심리를 추적하는 것이었는데, 그중 한 실험 결과가 유독 눈에 띄었다.

실험 과정은 이렇다. 여러 사람에게 10분간 시험문제를 풀게 한다. 그리고 1분 후, 연기가 들어와 실험실 안을 가득 채웠는데도 사람들은 10분이 지나도록 움직이지 않고 서로 눈치만 보는 모습이었다. 반면, 혼자 실험실 안에 들어가 문제를 풀고 있을 때는 연기가 들어오자마자 대피했다.

이와 비슷한 또 하나의 실험이 있었는데, 자신은 옳은 답을 알고 있지만 다른 모든 사람들이 오답을 이야기하자 자신도 오답을 이야기하는 모습을 보였다. 그 이유는 다른 사람들과 다르게 대답하면 비정상적으로 보일까봐 대세에 따르게 되는 군중심리에서 비롯된 것이었다.

결국 혼자 있을 때는 상황에 맞게 대처하지만, 다른 사람들과 같이 있을 때는 판단력이 흐려져 제대로 된 행동을 하기 힘들다는 것을 보여주는 실험이었다.

투자 환경에서도 마찬가지다. 부동산 경기가 침체될 때 사람들은 부동산 가격이 더 떨어질 것이라고 생각하기 때문에 부동산에 투자하기를 꺼려한다. 확신이 있어도 행동으로 옮기는 것은 쉽지가 않다.

반대로 부동산 경기가 과열될 때는 많은 사람들이 투자를 한다. 정작 부동산 침체기 때 투자한 사람들은 큰 수익을 얻고 빠져나오는 시점에 대중들은 작은 수익을 얻기 위해 뒷북 투자를 하는 것이다. 마치 먹다 남은 먹잇감에 조금 붙은 살을 서로 차지하려는 것처럼 말이다.

그나마 거기에서 수익을 얻게 되면 다행이지만 정부의 정책이나 기타 여러 상황 때문에 다시 부동산 경기가 침체되면 그들은 하우스푸어로 전락하게 될 것이다.

우리는 부자들의 행동을 살펴볼 필요가 있다. 부자들의 공통점은 자신만의 소신이 있기 때문에 남들과 항상 다르게 행동한다는 것이다. 그들은 남들과 같이 가는 길이 안전한 길이 아님을 경험과 본능으로 알고 있다.

남과 다르게 행동한다는 것은 결코 쉽지 않고, 그렇게 행동하는 사람이 많지 않기 때문에 소수의 사람들만이 부자가 되는 것이다. 자신만의 소신과 확신이 있어야만 휩쓸리지 않고 투자할 수 있으며, 어떠한 상황에서도 흔들리지 않을 수 있는 것이다.

원칙 없는 투자는
실패의 지름길이다

투자를 하면서 투자 원칙을 갖고 혹은 그 원칙을 지키며 투자하는 사람이 몇이나 될까? 많은 이들이 이러한 기본을 무시한 채 마음에 내몰려서 이성적인 판단보다는 감성적인 판단으로 소중한 돈을 불확실한 곳에 투자한다.

나도 예전엔 눈으로 보이는 것에 반해 감성적인 판단으로 그 물건을 관심 물건으로 등록해놓고, 투자 유무를 결정한 적이 있었다. 객관적인 자료를 무시한 채 감성적인 판단으로 투자한 물건은 수익률이 좋지 않았다. 그 후로는 나의 투자 원칙과 수익률 계산표, 객관적인 자료를 작성해놓고 찬찬히 분석하며 이성적인 판단을 내린 후 투자했다.

내가 부동산에 투자할 때 반드시 지키는 투자 원칙 4가지가 있다.

첫째, 반드시 원금이 보존돼야 한다. 워런 버핏의 투자 원칙 또한 첫째는 절대 돈을 잃지 않는 것이고 둘째는 첫째 원칙을 반드시 지키는 것이라고 했다. 원금을 절대 잃어서는 안 된다는 것은 기본 중에서도 가장 기본이다.

둘째, 원금 회수율이다. 내가 투자한 돈을 최대한 회수해야만 다른 곳에도 투자해 수익을 얻을 수 있다. 원금 회수율이 낮을 경우 다시 종잣돈을 모으기 위해 시간을 투자해야 한다. 종잣돈이 없으면 아무리 좋은 기회가 와도 잡을 수 없다.

셋째는 투자한 순간 이익이 확정돼야 한다. 투자하고 나서 시세가 오르면 이익이고, 현 시세를 유지하거나 떨어지면 손해가 발생하는 투자는 하지 않는다. 투자한 순간 이익이 나야 차후에 시세가 오르면 보너스인 것이고, 만약 시세가 떨어지더라도 저렴하게 샀기 때문에 다른 사람들보다 마음의 여유를 가질 수 있다. 이러한 심리적인 여유가 사라진다면 상황에 이끌려 손해를 보고 팔게 된다.

넷째는 환금성이 높아야 한다. 환금성이 높은 부동산에 투자해야 차후 시세 차액을 얻고 제때 팔 수가 있다. 반대로 환금성이 낮은 부동산에는 정말 심사숙고해서 투자를 해야 한다. 반지

하나 햇볕이 안 드는 부동산 등은 시세 차액을 얻기보다는 원금 회수율로 투자 유무를 결정해야 한다.

처음 부동산에 투자할 때는 이러한 원칙들이 없었기 때문에 손해를 보는 투자를 했다. 기획부동산에서 파는 땅에 투자했던 것이다. 투자한 순간 이익이 확정돼야 하는데 시세보다도 훨씬 비싸게 샀기 때문에 사는 순간 손해가 확정된 것이었다. 또한 지분 투자였기 때문에 되팔기가 힘들어 환금성과 원금 회수율에도 문제가 있었다. 한마디로 앞에서 말한 원칙 4가지 중 어느 하나에도 해당되지 않았다.

부동산 투자를 계속하다 보니 성공할 때도 있고 실패할 때도 있었지만 자연스럽게 투자 원칙이 생기게 되었다. 처음은 누구나 서툴 수밖에 없다. 또한 많이 배웠더라도 익숙하지 않으면 실전에서 투자 원칙을 적용하기 어려울 수 있다. 예를 들면, 부동산 중개사무실에 우연히 갔다가 중개업자의 좋은 물건이 있다는 말에 투자하는 경우다. 정말 좋은 물건이니 지금 바로 잡아야 한다, 놓치면 후회할 거라는 말에 홀려 계약금을 송금하게 되는 경우가 많다. 실제로 이러한 일은 비일비재하다. 중개업자뿐만 아니라 분양대행업자도 마찬가지다. 솔직히 처음 보는 사람에게 좋은 물건을 소개시켜줄 리가 있겠는가?

원칙 없이 마음 가는 대로 투자하면 실패할 확률이 높아진다. 그럴 때일수록 며칠 시간을 가지고 자기 원칙에 맞는 투자인지 아닌지를 종이에 직접 적어가면서 분석해야 한다.

처음에는 이러한 연습이 힘들겠지만 많이 경험하고 익숙해지면 마음을 통제할 수 있고 성공할 수 있다는 자신감이 생기게 된다.

계획은 구체적이고
실현 가능해야 한다

해가 바뀌면 많은 사람들은 새해 계획을 세운다. 하지만 연말이 되었을 때 계획했던 목표를 달성한 사람이 몇이나 될까? 나도 그 랬지만 대부분의 사람들은 목표를 세울 때 지금 당장 실현 가능하고 구체적인 계획보단 허황된 큰 목표를 세우곤 한다.

예를 들어 매일 커피를 마시던 사람이 올해부턴 커피를 끊고 그 돈을 저축하겠다는 목표를 세우면 갑자기 커피를 마시지 않고 돈을 모으는 것이 가능할까? 매일 최소 한 잔씩 마시던 사람이라면 얼마 못 가 다시 커피를 마실 것이다. 그렇게 자기 자신과의 약속을 깨버리고 좌절하면서 스스로에 대한 믿음도 사라져

버리게 된다.

만약 그 목표가 당장 실현 가능하고 구체적인 목표였다면 어땠을까? 갑자기 커피를 끊는 것보다 커피를 마시는 날과 양을 조금씩 줄인다면 그것이 또 다른 습관이 되어 결국 커피를 끊을 수 있지 않을까? 갑자기 끊는 것보다는 조금씩 양을 줄여가며 끊는 것이 성공 확률을 높일 것이다.

목표를 이루기 위해선 하루아침에 자기 자신을 바꾸는 무리한 계획을 세우는 것보다 천천히 내 자신을 바꿔가는 구체적이고 실현 가능한 계획을 세워야 한다.

부동산 경매를 시작하고 처음에는 뜬구름 같은 목표를 세웠다. 당시에 10억 모으기 열풍이 불고 있었던 때라 나는 남들보다 2억 원 많은 12억 원을 만들면 어떨까 생각했다. 그 목표를 세우고 계획을 짜보니 당장 1,000만 원도 없는 놈이 무슨 수로 1억 원도 아니고 12억 원을 만들겠다는 건지 알 수가 없었다.

다시 차근차근 목표를 세우기 위해 내가 진정 바라고 원하는 것이 무엇인지 생각해봤다. 내가 가장 원하는 것은 '내 집 마련'이었다. 내 집 마련이라면 경매를 통해 빠른 시일 안에 가능할 것 같았고, 스스로도 충분히 납득이 되었기 때문에 실현 가능한 나의 첫 목표가 되었다.

목표가 뚜렷하니, 그 목표를 이루기 위해 세우는 세부 계획도 잘 실천할 수 있었다. 계획대로 매달 얼마씩 꾸준히 저축을 했고, 더 빠른 목표 달성을 위해서는 더 빨리 많은 돈을 모아야 했기에 나는 숙식을 제공해주는 회사로 이직까지 했다. 그와 동시에 내 집을 마련하기 위한 준비로 임장 활동도 게을리하지 않았다. 시간이 흐를수록 경험이 쌓이고, 부동산을 보는 눈도 자연스럽게 생길 것이라 생각했다.

부지런히 종잣돈을 만들고 노력한 끝에 3년 만에 내가 원하는 부동산을 내 집으로 마련할 수 있었다.

2장

월세 낼 돈으로
내 집
마련하기

대출 금액을 높이려면
보증보험을 활용하라

스무 살에 친구와 군대에 동반 입대하기 전, 그동안 모아둔 돈을 모두 주식에 투자했다. 그리고 부모님께 매달 청약통장에 얼마씩 불입해줄 것을 부탁드리고 입대했다. 하지만 군복무 중 허리 디스크가 심해져 1년 만에 의가사 제대를 하게 되었는데, 그동안 내가 투자한 기업의 주가가 세 배 이상 뛴 것이 아닌가? 그렇게 나의 소중한 투자금 2,000만 원을 마련하게 되었다.

그리고 뒤에서 설명하겠지만 기획부동산에 전 재산을 사기당한 후 제주도로 내려와 또다시 학원 강사와 과외를 하며 지냈지만 월세며, 각종 생활비의 부담이 커 저축할 수 있는 돈이 많지 않았다. 그래서 숙식을 제공해주는 표선에 있는 대형 리조트에 사무직으로 취직했다.

월급은 다른 곳에 비해 적었지만 숙식이 제공되기 때문에 월급의 90% 이상을 저축할 수 있었다. 일은 고되고 힘들었지만 한 달에 100만 원 이상을 저축할 수가 있어 마음만큼은 부자가 되는 느낌이었다. 사람에 따라 다르지만 보통 사람이 한 달에 100만 원 이상 저축하는 것은 결코 쉬운 일이 아닐 것이다. 그렇게 회사에 다니면서 자투리 시간에는 영어 과외를 계속하면서 열심히 돈을 모았다.

일의 특성상 교육을 받으러 외근을 나가는 일이 종종 있었다. 5월쯤에 서귀포 혁신도시 근처에 있는 한 교육장으로 교육을 받으러 가는 길이었다. 날씨도 좋고, 도로 옆에 꽃들도 예쁘게 피어 있고, 저 멀리 보이는 바다도 반짝거렸다. 거기서 보는 월드컵 경기장은 정말 아름다웠다. "저 주변에 집을 가지면 얼마나 좋을까?" 예전에도 그 부근에 갈 때마다 항상 생각했었다. 신시가지에 내 아파트 한 채만 있으면 얼마나 좋을까(제주에서는 신시가지에 있는 연립주택단지를 아파트라고 불렀다)? 하지만 그 아파트 한 채는 최소 몇 천에서 억이 넘는 가격이라 내가 살 수 있는 상황이 아니었다.

그날은 교육 내용이 귀에 잘 들어오지 않았다. 어떻게 하면 이 부근에 집을 살 수 있을까라는 생각만 들었다. 그러던 중 경매 사이트에서 한 물건을 보게 되었다.

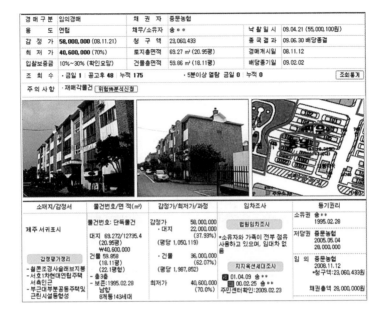

경매구분	임의경매	채권자	중문농협		
용 도	연립	채무/소유자	송●●	낙찰일시	09.04.21 (55,000,100원)
감 정 가	58,000,000 (08.11.21)	청 구 액	23,060,433	종 국 결 과	09.06.30 배당종결
최 저 가	40,600,000 (70%)	토지총면적	69.27 m² (20.95평)	경매개시일	08.11.12
입찰보증금	10%~30% (확인요망)	건물총면적	59.86 m² (18.11평)	배당종기일	09.02.02
조 회 수	·금일 1 ·공고후 48 ·누적 175		·5분이상 열람 금일 0 ·누적 0		조회통계

주의사항 ·재매각물건 [위험(하)분석신청]

소재지/감정서	물건번호/면적(㎡)	감정가/최저가/과정	입차조사	등기권리
제주 서귀포시 [감정평가가격] ·철콘조경사슬러브지붕 ·서호1차현대연립주택 서측인근 ·부근대부분공동주택및 근린시설동형성	물건번호: 단독물건 대지 69.272/12735.4 (20.95평) ₩40,600,000 건물 59.858 (18.11평) ·총3층 ·보존:1995.02.28 납함 8개동143세대	감정가 58,000,000 ·대지 22,000,000 (37.93%) (평당 1,050,119) ·건물 36,000,000 (62.07%) (평당 1,987,852) 최저가 40,600,000 (70.0%)	[법원임차조사] *소유자와 가족이 전부 점유 사용하고 있으며, 임대차 없음 [지지옥션세대조사] 🄫 01.04.09 송●● 🄫 00.02.25 송●● 주민센터확인:2009.02.23	소유권 송●● 1995.02.28 저당권 중문농협 2005.05.04 28,000,000 임 의 중문농협 2008.11.12 *청구액:23,060,433원 채권총액 28,000,000원

내가 원한 위치의 그 아파트였다. 73㎡(22평)인 그 아파트를 나는 무조건 낙찰받아야겠다고 생각했고 5,500만 원에 쟁쟁한 경쟁자들을 물리치고 낙찰받았다. 당시는 제주법원에서 기간입찰제를 시행하던 때라 법원까지 가지 않고 가까운 해당 은행에서 입찰서를 작성하면 되었다.

하지만 가진 돈이 부족해 낙찰가의 60% 정도를 대출받아 잔금을 납부해야 했다. 그때까지만 해도 다른 책에서 본 것처럼 전세를 줘서 잔금을 납부하려 했으나 예상치 못한 상황이 발생했다. 정말 기초적인 건데도 그때 당시에는 그런 일이 일어날 줄

몰랐다.

전세를 줘서 그 돈으로 잔금을 납부하려 했지만 그 집 소유자 (채무자)는 방문하는 사람들에게 집을 보여주지 않았다. 아직까지 자신이 집주인이라는 이유로 말이다. 임차인 입장에서는 위치가 아무리 좋아도 집을 보지 않고 계약할 수는 없었다.

그때부터 돈을 구하러 다니기 시작했다. 당시 일반 은행들은 낙찰가의 35~40%를 대출해주었다. 제2금융권에 가도 '주택임대차보호법에 따른 최우선변제금액'을 제하고 나면 낙찰가에 50%도 대출이 안 되었다.

그렇게 잔금 납부 기일이 하루하루 다가왔다. 상사의 눈치가 보여 업무 시간에 은행에 갈 수도 없었다. 내가 일했던 리조트는 외진 곳에 있어서 서귀포 시내의 은행에 다녀오려면 최소 1시간 30분 이상의 시간이 걸렸다. 매일 잔금에 신경이 쓰여 일이 손에 잡히지 않았다. 겨우 사정해서 하루 휴가를 얻어 주거래 은행에 마이너스통장을 문의하러 갔지만 직장 생활을 오래하지 않아 통장 개설이 불가하다고 했다. 다급해진 나는 그 은행 직원에게 사정을 털어놨고, 그는 다른 은행에 있는 대출계 직원을 소개해주었다.

밑져야 본전이라는 심정으로 그곳에 갔더니 운이 좋게도 제1금융권에서 내가 원하는 금액을 대출받을 수 있었다. 이유인 즉, 처음으로 집을 마련하는 것이고 서울보증보험에서 보증MCI을 서

주기 때문에 대출 금액을 늘릴 수 있다는 것이다. MCI란 주택임대차보호법에서 보장하는 최우선변제금액을 대신 보증해주는 보험이다. 만약의 경우 서울보증보험이 최우선변제금액을 대신 내주기 때문에 은행에서 대출받을 수 있는 금액이 늘어나는 것이다.

사실 은행에서는 대출을 해줄 때 보통 아파트 담보가액의 70%까지 대출이 가능하다고 해도 70% 전액을 대출해주지 않는다. 소위 말하는 '방빼기'라는 소액임대차보증금을 제하기 때문이다.

예를 들면 서울에 방 두 개인 3억 원짜리 집의 경우 3억 원의 70%인 2억 1,000만 원까지 대출이 가능하지만 그 금액에서 방 개수를 공제한다.

왜냐하면 은행 입장에선 방 두 개 중 한 개에는 집주인이 살고 나머지 한 개는 임대를 줄 수도 있다고 생각하기 때문이다. 그래서 방 한 개에 3,200만 원씩을 공제한다(서울 기준. 지역마다 공제 금액은 다름). 방이 세 개인 곳은 방 두 개를 공제해야 하지만 한 개만 공제하는 경우가 많다.

3억 원 기준으로 방 두 개짜리 집의 경우 2억 1,000만 원에서 3,200만 원을 빼고 1억 7,800만 원만 대출해준다. 즉 담보가액의 60% 정도밖에 대출이 안 되는 것이다. 그러나 MCI에 가입하면 방빼기를 하지 않으니 담보가액의 70%까지 대출이 되는 것이다.

우여곡절 끝에 대금 지급 기한일로부터 이틀이 지나서야 겨우 잔금을 납부할 수 있었다. 그렇게 잔금을 납부하고 보니 기분이 참 묘했다. 처음으로 내 집이 생겼기 때문이다. 그것도 내가 원하는 동네에 말이다. 나는 하루 종일 입가에서 웃음이 떠나질 않았다. 반대로 그 소유자는 잔금을 냈다는 소식에 심장이 내려앉았다고 한다.

나는 퇴근 후, 전 소유자를 곧장 찾아갔다. 이젠 내가 칼을 쥔 상태이기 때문에 어깨에 힘을 주고 갈 수가 있었다. 그래도 사람의 도리라는 게 있어 음료수 한 박스를 사들고 갔다. 막상 집으로 찾아가니 전 소유자는 내게 미안했다며 자기 사정을 한 시간 넘게 이야기했다. 이야기를 듣고 나니 마음이 찡했다. 이대로 매몰차게 쫓아낼 순 없었다.

'언제 어디서 다시 만날지 모르니 적을 만들지 말자'는 게 나의 신조다. 중간에 작은 다툼이 있었지만 그 사람의 마음도 이해가 돼 결국 월세 계약을 맺기로 했다. 당시 나는 회사 기숙사에서 무료로 거주하고 있었기에 굳이 회사에서 먼 그 집에 살 필요는 없었다.

사정이 딱해 시세보다는 조금 저렴하게 계약을 했다. 나 또한 이사비, 중개비, 인테리어 비용 등을 아낄 수가 있었기 때문이다. 1년 후에 직접 거주하려 했으나 결국 보증금을 낮추고 월세

오른쪽 3층이 경매로 마련한 첫 내 집이다.

연립주택 단지의 전경. 옆에는 혁신도시가 위치해 있다.

집 앞에는 월드컵경기장과 이마트, 영화관이 있다.

* 등기부현황 (채권액합계 : 28,000,000원)							
No	접수	권리종류	권리자	채권금액		비고	소멸여부
1	1995.02.28	소유권이전(매매)	송 **				
2	2005.05.04	근저당	중문농협	28,000,000원		말소기준등기	소멸
3	2008.11.12	임의경매	중문농협	청구금액: 23,060,433원		2008타경16785	소멸

를 올려 재계약했다. 그 주택은 2년 동안 보유한 후 지방 부동산 경기가 좋아지기 시작할 때 괜찮은 값을 받고 매매를 했다.

사실 전 소유자에게 임대를 주는 것은 주의해야 한다. 왜냐하면 빚을 갚지 못해 집이 경매로 넘어간 것이기에 월세가 밀릴 가능성이 높기 때문이다. 그렇지만 이 사례의 경우에는 전 소유자의 채무가 낙찰가의 절반도 안 되어서 과감하게 임대 계약을 체결했다.

남의 배만 불려주는
월세살이 그만하라

열아홉 살 때 자취를 하면서 처음 살았던 원룸의 보증금은 단돈 100만 원이었고, 그 이후 살았던 원룸이나 오피스텔의 보증금도 기껏해야 100~200만 원이었다.

나는 지금껏 혼자 살면서 보증금을 1,000~2,000만 원씩 주고 월세를 살아본 적이 없다. 차라리 그 돈으로 내 집을 마련하는 것이 낫다고 생각하기 때문이다.

게다가 매달 내야 하는 월세는 얼마나 비싼가? 보통 원룸은 보증금 500만 원에 월세 40~50만 원이고, 오피스텔도 보증금 1,000만 원에 월세 50~60만 원, 일반 빌라도 보증금 2,500만 원에 월세 40~50만 원은 기본이다. 만약 이보다도 더 저렴한 곳이 있다면 그만한 이유가 있는 것이다. 누가 비싼 월세를 살까 싶지만 월세로 사는 사람들이 생각보다 많다. 매달 이렇게 비싼 월세를 내면 저축도 많이 못할 텐데 어느 세월에 돈을 모아 내 집 마련을 할 수 있을까.

사람들은 월세 살 돈으로는 내 집 마련하기가 불가능하다고 생각하지만 나는 경매를 통해서 '충분히 가능하다'고 말하고 싶다. 게다가 요즘은 워낙 금리가 낮아 대출이자를 내는 것이 월세를 내는 것보다 훨씬 저렴하다. 또한 경매로 저렴하게 집을 마련하면 시세 차액까지 덤으로 얻을 수 있다. 집주인 눈치를 보지 않아도 되고, 2년에 한 번씩 이사를 가지 않아도 되니 1석 4조 아닌가.

최근 기사를 살펴보면 대학을 졸업하고도 자취방을 떠나지 못하는 경우가 많다고 한다. 졸업은 했지만 취업을 못하는 경우가 많은 데다 대학가의 전월세가 주변보다 싸 다른 곳으로 옮기지 못한다는 것이다.

나는 그 사람들에게 경매를 통해 방 세 칸짜리 빌라를 살 수 있다는 사실을 알려주고 싶다.

다음 사진은 2014년에 낙찰받은 방 세 칸짜리 신축 빌라다. 공항철도가 지나가는 계양역 주변에 위치한 빌라다. 공항철도를 이용하면 상암동 DMC, 홍대, 공덕을 지나 서울역까지 30분 안

낙찰받은 빌라의 외관. 이 동네는 녹지가 매우 잘 조성돼 있다.

빌라의 내부. 요즘은 빌라 내부 인테리어가 아파트 못지않게 잘 돼 있다.

에 갈 수 있다. 또 김포공항에서 9호선 급행열차를 갈아타면 강남 고속터미널까지 35~40분밖에 걸리지 않는다. 주말에는 집 근처에 있는 경인 아라뱃길에서 산책과 운동을 하며 여가 시간을 보낼 수도 있다.

이 물건은 정부의 부동산 대책으로 인해 부동산 열기가 조금 올랐을 때 낙찰받은 물건인데, 낙찰가의 90%인 9,500만 원까지 대출이 가능했다.

만약 9,500만 원을 대출받으면 투자 내역은 다음과 같다.

낙찰가 : 1억 500만 원

대출 : 9,500만 원(연 3.8%, 월 이자 30만 원)

등기비 : 150만 원

기타비 : 80만 원

___

초기 투자금 및 실투자금 : 1,230만 원

만약에 대출을 90%가 아닌 80%인 8,400만 원을 받을 경우, 초기 투자금 및 실투자금 약 2,400만 원에 매달 이자는 27만 원 정도를 내면 된다. 월세로 사는 것보다 매달 20~25만 원, 1년에 240~300만 원 정도 절약할 수 있다. 직장인이고, 무주택자라면 금리는 더 저렴해진다. 또한 시세보다 싸게 샀으니 시세 차익도 얻을 수 있다. 이 부동산은 최소 1,500만 원의 시세 차익을 얻을 수 있는 상황이었다.

　내가 이 빌라를 낙찰받은 시점은 정부의 부동산 활성화 대책으로 경쟁률과 낙찰가율이 점점 높아지던 때였다. 이렇게 경매 시장이 뜨거울 때 낙찰을 받아도 월세를 내고 사는 것보다는 더 낫다는 것이다.

　굳이 서울을 고집하지 않는다면 월세보다 적은 대출이자를 내면서 내 집에서 편안하게 살 수가 있다. 어떤 이들은 대출을 받아서 집을 사는 것보다 그냥 마음 편히 월세를 내는 게 낫다고도 한다. 먼저 내 집을 가져본 후 그런 말을 한다면 납득이 되겠지만 내 소유의 집을 한 번도 가져보지 않은 상태에서 그런 말을 하는 것은 어이없는 자기 합리화로 느껴진다.

　가진 돈이 적거나 지금 살고 있는 집 보증금에 묶여 있다면, 가족에게 빌리거나 마이너스통장에서 잠시 대출을 받는 것도 하나의 방법이다. 우선 가지고 있는 돈으로 입찰을 하면 되고, 낙찰을 받아도 잔금은 한 달 뒤에 납부하면 되기 때문이다. 잔금은 대출을 받아 납부하고 낙찰받은 부동산의 점유자를 명도한 후, 자기가 살고 있는 집에서 보증금을 빼 이사를 가면 된다. 그 보증금으로 가족에게 빌렸던 돈을 갚거나 마이너스통장 대출을 갚으면 된다.

　만약 돈이 모자란다면 당분간 월세로 임대를 준 후, 임차인의 보증금을 마련할 때까지 돈을 모으면 된다. 뚜렷한 목표가 있기 때문에 더 빨리 돈을 모으게 될 것이다. 거기다가 월세 수입도 생겼으니 말이다.

내 경우에도 23세 때 경매로 내 집을 마련했지만 당장 그곳에서 거주할 상황은 되지 않았기에 임대를 준 1년 동안 임차인의 보증금을 돌려주기 위해 돈을 열심히 모았다. 단기적인 목표가 있었기에 더 열심히 돈을 모을 수가 있었다.

또한 무리한 대출은 위험하지만 모든 대출이 위험한 것은 아니다. 내 경우에도 자산은 10억 원이 넘지만, 부채 금액은 5억 원이 채 되지 않는다. 부채 5억 원은 대출금과 임차보증금을 모두 포함한 금액이다. 감당할 만큼의 금액만을 대출받는 것이다.

참고로 이 집의 대출은 8,000만 원밖에 안 받았기에 부동산에 집을 내놓은 지 두 시간 만에 임차인을 찾을 수 있었다. 임대 시세는 보증금 2,500만 원에 월세는 40~45만 원 선인데, 보증금 1,500만 원에 월세 50만 원에 임대를 주었다. 경매로 내 집을 마련할 수 있다는 사실을 모르는 임차인은 이자 30만 원 정도만 내면 살 수 있는 집에 50만 원씩 월세를 내며 살게 된 것이다.

덕분에 나는 실투자금 1,230만 원 정도로 매달 25만 원의 순이익을 내고 있다. 이 물건은 부동산 경기와 주변 여건이 더 좋아지고 있기 때문에 향후 시세 차액이 더 커지면 팔 계획이다.

내 돈 한 푼 들이지 않고도
집 살 수 있다

지금은 나와 결혼했지만 당시에는 여자친구였던 내 아내의 생애 첫 낙찰기다. 여자친구도 경매로 주택을 낙찰받으면 좋을 것 같아 그동안 꾸준히 살펴본 지역 중 한 곳인 인천의 주택에 투자하게 되었다.

그 부동산은 지은 지 2년이 채 안 된 신축 빌라였는데, 2등과 불과 20만 원 차이인 7,410만 원에 낙찰을 받았다. 이 낙찰가는 개별주택공시지가 수준에 불과했다.

당시에 나는 부산에 살고 있었고, 여자친구는 서울에서 직장을 다니고 있어 수시로 인천까지 갈 수 없었다. 그래서 임차인에

용 도	다세대	감 정 가	110,000,000
토지 면적	28㎡ (8평)	최 저 가	53,900,000 (49%)
건물 면적	46㎡ (14평)	보 증 금	5,390,000 (10%)
경매 구분	임의경매	소 유 자	이**
청 구 액	107,691,440	채 무 자	이**
채 권 자	별내(새) (변경전상호: 청학(새))		

■ 진행과정

구분	일자	접수일~
경매개시일	2012.02.21	1일
감정평가일	2012.02.29	9일
배당종기일	2012.05.08	78일
최초경매일	2012.09.13	206일
최종낙찰일	2012.11.13	267일
매각허가일	2012.11.20	274일

■ 매각과정

회차	매각기일	최저가	비율	상태	접수일~
①	2012.09.13 (10:00)	110,000,000	100%	유찰	206일
②	2012.10.16 (10:00)	↓30% 77,000,000	70%	유찰	239일
③	2012.**.**(10:00)	↓30% 53,900,000	49%	낙찰	267일
		낙찰자 조** / 응찰 9명 낙찰액 74,100,000 (67.36%) 2위 73,880,000 (67.16%)		납부완료	
	2013.01.22			종결	337일

게 우체국 사이트에서 보통우편으로 재계약을 할 것인지, 재계약을 하지 않을 경우에는 언제까지 집을 비워주면 좋겠다는 내용을 공손하게 적어 내용증명 형식으로 보냈다. 정식 내용증명으로 보내지 않은 이유는 임차인이 직장인이라면 밤이 되어서야 집에 들어올 것이고 그러면 내용증명을 보내도 제때 받지 못하기 때문이다.

우편을 보낸 지 일주일 뒤 마트에서 장을 보고 있는데 전화가 왔다. 임차인의 전화였는데 그동안 출장을 갔다와서 이제야 우편물을 보고 전화를 한다고 했다. 나는 먼저 재계약 의사를 물었다. 임차인은 직장인이라 다른 집을 구하기도 귀찮고, 이사가는 것도 번거롭기 때문에 재계약을 하겠다고 했다. 잔금을 납부하는 날 재계약을 하기로 구두 약속을 하고, 은행에 대출을 신청하러 갔다. 여자친구는 대출을 받는 것이 처음이라며 함께 가

길 원했다.

대출 신청을 잘 마무리하고 며칠 뒤, 잔금 납부 후(부동산 인도명령 을 동시에 신청) 임차인에게 연락했다. 전화 통화는 계속 내가 했다.

"12일부로 잔금 납부를 했고 소유권 이전이 되었습니다. 빠른 시일 안에 만나서 임대차 계약서 작성하셔야죠."

"다른 경매하는 사람들한테 얘기 들어보니까, 법원에서 제 임대차보증금에 대한 배당금을 받은 후 재계약을 하든지 이사를 가든지 해야 된다고 하던데요?"

"누가 그러던가요? 사장님께선 대항력도 없으십니다. 그리고 며칠 전 전화했을 때 잔금 납부 후에 바로 재계약한다고 하지 않았습니까? 근데 왜 갑자기 말을 바꾸시는 건가요. 아무튼 배당금을 받으려면 낙찰자의 명도확인서, 인감증명서가 필요합니다. 그건 함부로 줄 수 없습니다."

"지금 재계약을 하려고 해도 돈이 없습니다. 배당금을 받아야

● **부동산 인도명령** : 법원 경매를 통해 부동산을 낙찰받은 사람이 대금을 완납하고 소유권을 취득했으나, 채무자나 점유자가 해당 부동산의 인도를 거부할 경우 부동산을 인도받기 위해 법원으로부터 받아내는 집행권원을 이르는 말이다.
부동산 인도명령은 낙찰자가 별도의 명도 소송 없이도 강제집행 권원을 확보할 수 있도록 해, 명도 소송에 비해 빠르게 부동산을 명도할 수 있다.
하지만 인도명령을 받기 위해서는 낙찰자가 대금을 완납한 날로부터 6개월 이내에 해당 법원에 신청해야 하며, 만일 이 기간이 경과하게 되면 명도 소송을 통해 집행해야 한다. 이 경우 최소 3~4개월 이상의 시간이 더 소요된다.

저도 돈이 생기죠. 그리고 여기 주변에 방 나온 거 좀 되던데요. 이 건물 2층에도 월세 5만 원 더 싸게 나왔어요. 어차피 저는 직장에 다녀서 잠만 잘 거라 더 싸게 해주는 데가 좋죠. 사장님이 자꾸 이렇게 나오시면 저도 이사를 가는 수밖에 없습니다."

"혹시 주변에 방 나온 곳 가보셨어요? 한번 가보세요. 옆 건물에 방 나온 곳도 제가 가보니 곰팡이가 거실과 방에 많이 피었습니다. 아직까지 공실인 이유가 있는 겁니다. 또 사장님께서 말씀하신 2층이 5만 원 더 싸게 나온 것은 앞과 옆 건물 때문에 막혀서 햇볕이 거의 들지 않기 때문입니다. 어두운 곳에서 살아도 괜찮다면 이사를 가시면 됩니다. 그럼 언제쯤 나가실 건가요?"

낙찰받은 집은 4층이긴 하지만 사방이 다 트이고 햇볕이 많이 들어 한겨울인데도 집 내부가 따뜻하고 아늑했다.

"배당금을 받아야 이사를 가든지 말든지 하죠. 지금은 돈이 없는데…."

"2층 주인도 경매로 낙찰받은 사람이니 그 사람에게 사정을 이야기하고 계약금 10%만 걸고 이사를 먼저 가세요. 그럼 이해해줄 겁니다. 저도 짐 뺀 거 확인하고 명도확인서, 인감증명서 다 드릴게요. 아참, 빨리 나가시면 좋습니다. 지금도 공짜로 사는 거 아닌 건 아시죠?"

"아니, 왜 이렇게 이사를 가라고 재촉하세요?"

"사장님께서 먼저 이사를 간다고 하시지 않았습니까?"

사건번호	2012타기		사건명	부동산인도명령
재판부	경매18계 (전화:860-1618)			
접수일	2012.12.12		종국결과	2013.01.24 인용

▣ 진행내용   전 체 ▼ [선택]

‣ 진행내용에서 제공하는 송달결과는 법적인 효력이 없으며 추후 오송달이나 부적법송달로 판명될 경우 송달 결과 정보가 변경될 수 있습니다.
‣ 다음 '확인' 항목을 체크하시면 송달결과를 보실 수 있습니다.
   ☐ 확인 (하루에 한번 체크)
‣ (단, 2007. 3. 12. 이전에는 재판부에서 등록한 내용에 한하여, 이후에는 우정사업본부로부터 전송된 송달내 용에 한하여 조회됨)
• 채권압류 및 전부명령 또는 추심명령사건일경우 제3채무자가 존재시 제3채무자에게 송달이 이루어지지 않 은 경우는 제출서류내용이 표시되지 않습니다.

일 자	내 용	결 과	공시문
2012.12.12	소장접수		
2013.01.24	신청인1 조 ** 에게 결정정본 발송	위의 '확인' 항목 체크	
2013.01.24	피신청인1 권 ** 에게 결정정본 발송	위의 '확인' 항목 체크	
2013.01.24	종국 : 인용		

인도명령 신청 후 배당기일 이후에 인용되었다.

"자꾸 뭐라 그러시니까 저도 홧김에 말한 건데….'

"그럼 재계약할 의사는 확실히 있는 건가요?"

"네. 그러고 싶은데 지금은 돈이 없어서 배당금을 받아야 보 증금을 드릴 수 있습니다."

"그럼, 이렇게 하시죠. 배당기일 며칠 전에 만나서 계약서 작 성을 하시고, 보증금 10%와 제가 잔금을 낸 날로부터 계산해서 월세를 준비해주세요. 그럼 제가 배당금을 받을 수 있도록 명도 확인서와 인감증명서를 드릴게요. 그럼 괜찮겠죠?"

"네, 알겠습니다."

이렇게 통화가 끝났다. 약간은 거칠게 말한 것일 수도 있는데 사실 바로 매매할 의사가 있어 임차인이 이사를 나갔으면 하는 바람이 조금 있어서였다.

작은 물건이지만 입찰 전 철저하게 현장을 살펴봤다. 그때 주변에 나온 방들은 거의 다 둘러봤기 때문에 어느 정도는 현황 파악을 하고 있었다.

해당 빌라의 다른 호수에 초인종을 눌러 사정을 이야기하고, 집 내부를 둘러보며 누수가 있는지 다른 특이 사항은 없는지 조사했다. 굳이 집 내부를 보지 않아도 외관과 내부 벽에 크랙이 있는지, 옥상에는 방수 처리는 해놨는지 등을 살펴보면 집 안의 누수 여부를 유추할 수 있다.

그런데 예상치 못한 일이 발생했다. 채권자인 새마을금고에서 배당배제 신청*을 한 것이다. 임차인은 퇴근 후 밤늦게 집에 들어와 법원이 발송한 보정명령 등본을 제때 수령하지 못했다.

나는 수시로 법원 문건/송달 내역을 확인하기 때문에 이러한 사실을 임차인에게 알릴 수 있었다. 이런 일로 나중에 배당을 늦게 받으면 골치 아프기 때문이다.

● **배당배제 신청** : 가장 임차인을 배당에서 배제시키기 위한 채권자의 의견 진술서다. 법원에서는 배당배제 신청서의 내용이 타당한지 따져보고 배당표를 작성하게 된다. 따라서 임차인은 자신이 가장 임차인이 아닌 진성 임차인임을 증명할 수 있는 통장 거래 내역서, 공과금 내역서 등을 법원에 제출해야 한다.

임차인은 내 말에 깜짝 놀랐지만 며칠 뒤, 통장 거래 내역서를 첨부하여 보정서를 법원에 제출했다. 종종 채권자가 최우선변제를 받는 소액임차인에게 배당배제 신청을 하는데, 이는 가장 임차인이 있기 때문이다.

그 이후 배당기일 며칠 전 여자친구와 임차인을 만나러 갔다. 남자 혼자 사는 집인데도 식물도 기르고 깔끔하게 꾸며져 있었다. 햇볕이 사방에서 들어와 포근한 느낌이 들었다. 임차인은 나와 여자친구를 보고 깜짝 놀랐다고 한다. 경매하는 사람이라서 인상도 나쁘고 연배도 좀 있을 거라 생각했는데, 젊은 사람 두 명이 와서 계약서를 내미니 황당했다고 한다.

원래는 보증금 2,000만 원에 월세 30만 원으로 계약하기로 했지만 임차인이 원해 1,500만 원에 35만 원으로 계약했다. 계약금 10%와 잔금을 낸 날부터 계산해서 월세를 받았고, 나머지 보증금도 배당기일에 입금해주었다.

투자 내역은 다음과 같다.

낙찰가 : 7,410만 원

대출 : 6,600만 원(연이율 4.3%, 월 이자 23만 5,000원)

등기 : 145만 원(인도명령 신청비 포함)

임대 : 보증금 1,500만 원, 월세 35만 원

총 투자비 : -545만 원, 월 11만 5,000원 수익

이렇게 여자친구의 첫 경매 낙찰기는 무피 투자로 끝이 났다. 무피 투자란 내 자본이 전혀 들지 않는 투자를 말한다. 이 경우에도 투자한 돈을 다 회수하고도 545만 원의 목돈과 매달 11만 5,000원의 월세 수익을 얻게 되었다.

만약 보증금을 500만 원 더 낮춘다면 매달 17만 원 정도 남게 된다. 주거래 은행에서 대출을 받는다면 이자는 더 낮아질 것이다.

중요한 건 여자친구가 집을 마련하면서 부동산 대출을 처음 받았는데 제1금융권에서 낙찰가 대비 90%까지 받을 수 있었다는 것이다. 만약 이번이 첫 번째 부동산이 아니었으면 이렇게 높은 대출을 받지 못했을 것이다. 또한 현재 상황에서 감당할 수 있는 금액이었기 때문에 90% 대출을 받았다. 만약에 자금이 부족해서 지금처럼 대출을 많이 받은 것이라면 단기 투자를 권유했을 것이다.

또한 무피 투자의 경우에는 주의할 점이 있다. 무피 투자를 여러 건, 혹은 수십 건을 하는 투자자들이 많다. 몇 건 정도는 괜찮지만 원칙에 어긋나게 무리한 대출을 받거나 임차보증금을 많이 받아서 월 수익이 몇 만 원도 되지 않는데 물건 개수만 계속 늘리는 것은 위험하다.

무피 투자는 부동산 시세가 앞으로 상승할 거라는 확신이 있을 때 쓰는 방법으로 시세가 현재와 같거나 떨어질 경우에는 양

날의 칼이 되어 자신의 발등을 칠 수도 있으니 각별히 주의해야 한다.

사실 잔금을 치른 후 빌라를 바로 9,500만 원에 팔아달라고 부동산에 내놓았다. 부동산 침체기에도 저렴하게 내놓으면 거래가 된다. 주변의 신축 빌라의 분양 가격이 1억 2,000~4,000만 원 정도였기에 매도가 가능했을 것이다. 또한 이 빌라는 남향이고 막힌 곳이 없어 햇볕도 잘 들고 버스정류장도 바로 옆에 있어서 바로 매수자를 찾았다.

월세로 사는 것보단 금리가 저렴하니 대출을 받아 집을 사려는 매수자를 어렵지 않게 찾을 수 있었다. 세전 1,900만 원의 이익이 나긴 하지만 단기 매매였기 때문에 양도소득세로 50%를 내야 했다. 지방소득세까지 포함하면 55%가 세금이다. 여자친구는 급한 게 아니니 2년간 보유 후 비과세로 매도를 하고 싶다고 했다. 당장 팔아도 돈 굴릴 데도 없었기 때문이다. 그 이후 집의 시세는 조금 더 올랐고, 각 호수의 집주인들과 합의하여 하자 보수금을 받아 빌라를 수리하고 현관 출입문에 CCTV를 설치해서 집의 가치를 조금 더 높였다.

후일담을 얘기하자면 당시 여자친구의 부모님은 조금 보수적이었다. 이제까지 대출을 받아서 집을 사거나 누군가에게 아쉬운 소리를 하며 돈을 빌린 적이 없었다. 부모님의 영향을 받아서인지 여자친구는 자신이 불입한 적금 한도 내에서 담보대출을

2년 뒤 임차인이 나가고 도배 및 페인팅을 새로한 모습

받는 것도 꺼려했다. 여자친구의 부모님 입장에선 결혼도 안 한 딸이 6,600만 원이나 되는 거액의 대출을 받았으니 어찌 보면 참 큰일을 저지른 것이다.

창문 너머로 청라국제도시와 인천아시안게임 주경기장이 보인다.

이 사실을 한동안 비밀로 했지만 여자친구의 아버지가 공무원
이었기 때문에 연말정산을 하면서 가족의 재산 내역을 신고하는
과정에서 밝혀지게 되었다. 당연히 여자친구 집에서는 그 사실
을 알고 당황해했다. 나는 여자친구 부모님께 전화를 드렸고, 상
세하게 설명했다. 다행히 화를 내거나 꾸짖지는 않으셨다.

또한 여자친구와 여자친구의 오빠는 구로의 오래되고 좁은 아
파트에 오랫동안 전세로 살고 있었는데, 그때 당시에는 부동산
경기가 좋지 않을 때라 이때가 아니면 아파트를 싸게 살 수가 없
을 것 같아 여자친구 부모님께 과감하게 집을 사는 것이 어떻겠
냐고 말씀드렸다.

결국 나의 권유로 전세금에 조금 보태어 일산의 24평 아파트

를 대출금 없이 구입하여 이사를 갔다.

그 이후 전세 대란이 왔고, 정부의 부동산 경기 활성화 대책으로 집값이 올랐다. 만약 구로에 있는 집에 계속 살았다면 재계약 때마다 전세 보증금을 올려줘야 했을 것이다.

명도할 때는
제삼자를 내세워라

군 제대 후, 부동산을 제대로 배우고 싶다는 생각에 무작정 서울로 올라와 신문 광고와 인터넷 등으로 부동산 관련 일을 알아봤다. 쉽게 접할 수 있는 기획부동산, 텔레마케터, 중개업, 분양 등은 내가 배우고 싶은 부동산 일이 아니었다. 부동산 투자를 전문으로 하는 회사에 취직하기란 하늘의 별 따기였다.

보통 이런 투자 전문 회사에는 직원이 적고, 이곳에서 일하는 사람들은 월급을 많이 받기보다는 일을 배우려는 사람이 많기 때문에 자리가 잘 나지 않는다.

결국 부동산 회사가 아닌 다른 일을 하면서 지내다 몇 년 후

우연찮게 인터넷 구인 광고에서 낯익은 회사 이름을 보게 되었다. 그곳은 내 인생을 180도 바꿔놓은 경매 책을 쓴 저자가 운영하는 부동산 투자 전문 회사였다. 나는 망설임 없이 이력서를 제출했고 운이 좋게도 입사하게 되었다. 뛰어난 스펙은 없었지만 어릴 때부터 이 분야에서 꾸준히 성과를 올렸던 것이 큰 점수를 받은 것 같았다.

처음 대표님을 만났을 땐 떨리는 마음을 주체할 수 없었다. 내 인생을 바꿔놓은 책, 그래서 읽고 또 읽었던 그 책을 쓴 동경하던 저자와 함께 일하게 될 줄은 상상도 못한 일이었다.

입사한 후엔 두근거리는 마음을 진정시키고 제대로 일을 해서 내 능력을 보여줘야 했다. 당시 회사에선 인천 지역에 있는 22건의 빌라들을 거의 비슷한 기간에 낙찰받은 상태였고, 빠른 시일 안에 명도를 해야만 했다. 22건 중 공실은 4건뿐이었다.

보통 낙찰을 받고 잔금을 납부하기까지 한 달 정도의 여유 시간이 있는데, 이 기간 동안 명도를 진행해야 한다. 보통은 낙찰을 받고 나서 며칠 뒤에 점유자에게 내용증명을 보낸다.

내용증명에는 재계약을 할 것인지, 만약 이사를 간다면 내가 제시한 기간에 가야 소액의 이사비를 받을 수 있다는 내용을 포함한다. 이사를 안 가고 계속 명도를 거절할 경우에는 부득이하게 법적으로 대응할 수밖에 없고, 그 비용은 점유자에게 청구할 수도 있다는 내용도 같이 적어서 보낸다.

낙찰을 받고 바로 내용증명을 보내지 않는 이유는 낙찰받은 부동산의 점유자에게 며칠 정도는 마음의 준비를 할 시간을 주기 위해서다. 어떤 사람은 낙찰받자마자 해당 물건에 찾아가는데, 대부분 좋은 소리를 듣지 못하고 헛걸음만 하게 된다. 낙찰받자마자 바로 찾아가는 사람들은 아마 입찰 전에 현장 조사를 제대로 하지 않은 경우일 것이다.

점유자와는 내용증명을 발송하고 그 이후에 전화로 연락을 하면서 의견을 어느 정도 조율하고 나서 만나는 것이 좋다. 왜냐하면 처음 만나서 내용증명으로 말할 내용을 논의하다 보면 흥분해 언성을 높일 수 있기 때문이다. 그 후에 내용증명을 보내게 되면 더더욱 기분이 나쁠 것이다.

하지만 이번 일 같은 경우에는 보통 때와는 다르게 잔금 지급 기일이 일주일도 채 남지 않은 상태였다. 중간에 이 22건을 담당한 직원이 퇴사를 해버렸고, 그 자리에 내가 입사할 때까지 시간이 흐른 것이다.

빨리 일을 진행해야만 해서 우선 22건을 같은 구역끼리 나열해서 정리했다. 그리고 그 주말에 나는 부랴부랴 이사를 했다. 당시에 나는 서울 응암동에 살고 있었는데 인천까지 이동하는 시간이 아까워 아예 이사를 하기로 결심하고 바로 행동에 옮긴 것이다.

이사를 마친 후, 정리된 물건 리스트를 가지고 다시 현황을 파악하기 위해 현장을 일일이 방문했다. 낙찰받은 물건 중에는 산 동네 물건들도 있었는데, 내비게이션에도 위치가 정확히 나오지 않아 애를 먹었다. 이름이 같은 빌라들도 여러 개가 있어 헷갈리기도 했다.

우편을 발송한 지 3~4일이 지나자 한 명씩 연락이 오기 시작했다. 점유자들 유형을 보면 다음과 같이 몇 가지로 나눌 수가 있다.

첫 번째 유형, 막무가내인 사람들이다. 처음부터 다짜고짜 법대로 하라고 난리를 치거나 과도한 이사비를 요구한다. 이사비를 줄 때까지 절대로 나갈 수 없다고 한다.

자기들의 이야기만 쏟아내고 상대방 이야기는 듣지 않는 유형으로 말이 통하지 않는다. 이런 사람들과는 자주 연락할수록 다투게 되고, 스트레스를 받게 되니 가급적이면 연락을 하지 않는 것이 좋다.

이럴 때는 점유자들이 원하는 대로 점유이전금지가처분 및 인도명령을 신청한다. 점유이전금지가처분은 신청 후 2~3주 안에 집행이 가능하고, 집행관이 집 안에 들어가서 집행문을 붙여놓고 나온다. 그러면 대부분은 심리적인 압박을 받게 된다. 그리고 이전에 보낸 우편에 잔금을 낸 날로부터 한 달에 얼마씩의 부당이득금과 법적인 비용 등을 청구할 것이라고도 써놨기 때문에 더욱더 압박이 된다.

이 정도의 상황이 되면 점유자에게 다시 전화를 걸어 언제까지 집을 비워주면 소정의 이사비를 주겠다는 식으로 마지막 제안을 한다. 결국에는 이런 사람들이 제일 빨리 이사를 간다.

말이 통하지 않을 경우에는 이렇게 말이 통하게끔 상황을 만들면 된다. 다만 법적인 절차를 진행하면서도 계속 말이 통하지 않을 경우에는 점유자와 직접 만나서 대화를 나누는 것도 좋은 방법이다. 전화로 할 때와 직접 대면해서 얘기할 때와는 다르기 때문이다.

두 번째 유형은 어느 정도 협조적인 사람들이다. 이 사람들은 첫 번째 유형의 사람들보다는 그래도 양반이다. 보증금에 대한 배당을 받기 때문에 명도를 하기가 어렵지 않은 편이다. 하지만 이런 사람들도 이사 날짜 이야기만 나오면 말이 통하지 않는 경우가 있다. 배당금을 받아야 이사를 나갈 수 있다는 것이다. 하지만 낙찰자 입장에서는 배당을 받는 데 필요한 명도확인서, 인감증명서를 이사를 나가지 않은 상황에서 줄 수는 없다.

이런 상황에서 나는 이렇게 말을 한다.

"저희 회사 규정상 이사를 가지 않은 경우에는 명도확인서와 인감증명서를 드릴 수가 없습니다. 제가 대표도 아니고 일개 직원이라 그런 규정을 어길 수가 없습니다. 저희 법무팀에서 보낸 우편 내용에 적혀 있는 것처럼 만약 이 날짜까지 이사를 나가지 않을 경우에는 저희가 잔금을 납부한 시점부터 계산하여 월 임대료와 법적 비용 등을 사장님이 받을 배당금에서 압류할 수 있습니다. 그렇게 되면 사장님은 오히려 비싼 돈을 주고 그곳에 거주하는 꼴이고, 제가 말씀드린 소정의 이사비도 받을 수가 없습니다. 그렇기 때문에 배당기일에 배당을 받으시려면 그 전에 집을 비워주셔야 합니다. 필요한 서류는 집을 비운 후에 드릴 수가 있습니다."

이렇게 이야기했는데도 배당금을 받아야 이사를 갈 수 있다고 하는 경우에는 다음과 같이 말을 한다.

"그럼, 이렇게 하시죠. 새로 이사 갈 곳을 정하시고 계약금 10% 정도만 걸어두세요. 그리고 잔금은 배당기일에 맞춰서 이사와 동시에 지급한다고 하세요. 그럼 저도 배당기일 오전에 이삿짐 빠지는 거 보고 명도확인서와 인감증명서를 드리도록 하겠습니다. 그렇게 되면 사장님은 오후에 배당을 받을 수 있습니다."

배당기일 전에 이사를 나간 경우에는 소정의 이사비를 지급했고, 배당기일 오전에 이삿짐을 싸서 나가는 경우에는 이사비를 지급하지 않았다. 그럼에도 불구하고 몇몇은 배당기일 오전에 이사를 나가기도 했다.

종종 배당기일에 법정에서 채권자가 배당배제 신청을 하기도 한다. 그렇게 되면 그날 받을 줄 알았던 보증금을 받지 못하기 때문에 반드시 보증금을 입금한 통장 거래 내역서와 월세를 입금한 내역서, 공과금 내역서, 관리비 내역서 등을 미리 제출하는 것이 좋다. 또 배당금을 정할 때 경매가 진행되는 동안 임차인이 지급하지 않은 월세를 제하고 남은 금액만 배당해주기도 한다.

세 번째 유형은 말을 바꾸는 사람들이다. 보통 이런 유형들은 이미지도 좋고, 전화도 잘 받아주는 편이다. 언제까지 이사를 가겠다거나 배당금을 받으면 재계약을 하겠다고 해 낙찰자 입장에서는 마음을 놓게끔 만들다가 시간이 지나면 언제 그랬냐는 듯말을 180도 바꾼다. 따라서 이런 사람들에게도 미리 법적 절차는 진행하고 있어야 한다.

나는 이럴 때 미리 이렇게 말한다.

"저도 사장님 말을 믿는데, 저희 회사 법무팀에서는 회사 규정대로 무조건 잔금 납부할 때 법적 절차를 함께 진행합니다. 차후에 법원에서 우편물이 와도 신경 쓰지 마세요. 사장님께서 약속대로 이사를 나가신다면 아무런 문제가 되지 않을 거고, 만약그렇지 않으면 법무팀에서 보내드린 우편 내용대로 법적 절차를 진행하게 됩니다."

아직까지는 서로 웃으면서 통화하는 사이이기 때문에 법무팀 핑계를 대며 법적 절차를 진행하면 된다. 이렇게 법적 절차를 동시에 진행하는 것은 점유자들이 약속을 어겼을 때 법적 절차를 진행하게 되면 그때부터 시간이 또 필요하기 때문에 미리 해두는 것이다.

이사 가기 일주일 전에 점유자에게 다시 확인 전화를 하고, 그

날짜에 이사를 나가면 소정의 이사비를 지급한다. 만약 약속을 어겼을 경우에는 내용증명을 발송해서 어떠한 불이익이 생길 것인지를 명시하고, 부득이하게 현재 진행 중인 법적 절차를 계속 진행할 수밖에 없다는 내용증명(최고서)을 보낸다. 그 이후 법원에서 인도명령 결정이 나고, 강제집행 계고까지 하면 마지막 협상을 하게 된다.

이런 유형은 제날짜에 이사를 간 사람들보다 손해를 볼 수밖에 없다. 제날짜에 약속을 지킨 사람에게는 회사에서 책정한 것보다 이사비를 조금 더 넉넉히 챙겨주지만 약속을 어긴 사람에게는 이사비를 한 푼도 지급하지 않았다.

한편, 재계약을 원하는 경우에는 반드시 잔금을 낸 후에 가계약서를 작성한다. 보증금 10%와 잔금을 납부한 날로부터 월세를 받고 난 후에 배당을 받을 수 있게끔 명도확인서와 인감증명서를 건네주어야 한다.

이때도 당연히 인도명령은 미리 신청해야 한다. 그래야만 늦어도 배당기일에는 인도명령 결정문이 나서 향후 나머지 잔금을 입금하지 않는 경우에 강제집행이 가능하다.

이번 18건 중 재계약을 한 세대는 두 세대였는데, 이런 식으로 배당받기 전에 미리 가계약서를 작성하고 보증금 10%와 월세를 미리 받았다. 그 후, 배당기일에 배당을 받고 나머지 잔금을 입금해주었다.

이런 과정으로 한 달 만에 18건을 명도하거나 재계약했다. 처음에는 현황 파악 때문에 바빴지만 현황 파악을 마친 후에는 여유롭게 진행을 하면서 명도할 수 있었다.

일반적으로 명도를 할 때는 제삼자를 내세우면 일처리가 좀 더 수월해진다. 이번 경우에는 회사 대표님이나 법무팀을 많이 이용했고, 나는 실무자이기 때문에 욕을 먹지 않게끔 상황을 만들었다. 그래서 이사를 나갈 때, 실무자인 내게 화를 내며 안 좋게 집을 비워준 사람은 단 한 명도 없었다. 내가 직접 낙찰받은 물건의 점유자들도 여태껏 얼굴을 붉히며 내보낸 적은 단 한 번도 없었다.

이번 사례에도 내가 점유자들을 만난 것은 많아야 두 번 정도고 대부분 이사 나가는 날 딱 한 번 만난 게 전부였다. 심지어 한 번도 보지 않은 경우도 있었다.

마지막으로 이사비를 정산해보니 평균 이사 비용은 20만 원밖에 되지 않았다. 내가 생각해도 상당히 적은 금액이었다. 하지만 당시 회사 규정상 더 많이 지급해줄 수가 없었다. 또한 이렇게 적은 금액임에도 불구하고 개인이라면 이사비를 그 자리에서 바로 줄 수 있지만 법인 회사다 보니 바로 지급할 수가 없어 난처한 때가 많았다.

이번 일이 거의 마무리될 무렵 나는 개인 투자를 더 하고 싶다는 욕심이 생겨 어렵게 들어간 회사였지만 대표님께 그만두겠다고 말씀드렸다. 대표님이 많이 아쉬워해서 더 죄송했다. 처음 대표님과 면담을 할 때 자기 일을 하던 사람이 남의 일을 해주기는 어려울 거라고 하셨는데 역시 그 말이 맞았다. 만약 내가 아무것도 모르고 그곳에 입사를 했다면 뼈를 묻었을지도 모르겠다. 짧은 시간이었지만 참 좋은 기회였고 많은 것을 배울 수 있었다. 나는 그렇게 다시 개인 전업투자자로 돌아왔다.

이 사례에서 소개되는 물건 중에는 하자가 있는 집이 정말로 많았다. 주택이 10년이 넘어가면 하자가 발생하기 시작한다.

입찰하기 전에 해당 물건의 내부를 확인하는 것이 가장 좋겠지만 입찰자를 반겨주는 점유자는 정말 드물기 때문에 현실적으로 낙찰 전에 내부 확인을 하는 것은 힘들다.

그렇지만 내부 확인을 하지 않아도 외부를 자세히 살펴보면 집에 하자가 있는지 없는지 가늠할 수 있다. 옆에 있는 사진들을 자세히 살펴보자. 사진처럼 계단 벽에 크랙이 심한 경우에는 내부에 곰팡이가 있을 확률이 높다. 옥상에 방수 페인트가 안 되었거나 사진에서처럼 빗물이 고인 흔적이 있거나 고인 경우엔 아래층 집 천장에 누수가 생길 가능성이 크다. 또한 현관 위 천장이 물에 젖어 있는 경우에는 안 봐도 뻔하다.

22건 중 어느 집은 점유자와 전혀 연락이 되지 않았다. 반지하 빌라였는데, 옆집에 사는 할머니께 여쭤보니 몇 달에 한 번씩 집에 들어온다고 했다.

건물 내외부에 하자가 생긴 모습

　강제집행을 하기 위해 집에 들어가 보니 살림살이가 그대로 있었다. 이럴 경우에는 참 난감하다. 강제집행을 하고 나서 보

관 비용이 많이 들기 때문이다. 보통 보관 비용은 2개월치를 요
구한다. 강제집행 이후, 동산에 대하여 유체동산 경매를 신청하
거나 만약 점유자와 연락이 된다면 짐을 가져가라고 하는 것이
가장 좋은 방법이다.

인도명령 신청에서 유체동산 경매까지

① 인도명령 신청

실무에서는 잔금 납부와 동시에 법무사나 낙찰자가 인도명령 신청을 한다. 인도명령 신청을 하게 되면 경매법원에서 점유자가 대항력이 없으면 일주일 내로 결정이 되는 것이 원칙이나 점유자가 임차인인 경우 배당기일 이후에 인도명령결정이 날 수도 있다. 인도명령은 잔금일을 기준으로 6개월 이내에 신청이 가능하고 이 기간이 지나면 명도 소송을 해야 한다.

② 인도명령결정문 송달

인도명령이 결정이 될 경우 그 결정문을 점유자에게 해당 부동산의 주소로 송달하게 된다. 만약 송달이 안 될 경우 법원에서 공시송달(=발송송달)을 해주는 곳도 있고, 다시 낙찰자가 주소 보정을 하여 재송달을 신청해야 되는 법원도 있다. 법원마다 업무 지침이 다르기 때문에 해당 법원 경매계에 문의하는 것이 가장 정확하다.

③ 송달증명원 발급

인도명령결정문이 점유자에게 송달이 되었을 경우, 해당 경매계에 방문하여 송달증명원 발급을 받을 수가 있다.

④ 강제집행 신청

관할법원 집행관 사무실에 방문하여 인도명령결정문 정본과 해당 경매계에서 발급받은 송달증명원을 첨부하여 집행관 사무실에 비치된 강제집행신청서를 작성하여 제출한다.

⑤ 집행비용 예납

강제집행을 신청하면 집행관 사무실에서 강제집행 사건번호가 기재된 접수증과 집행비용예납 서류를 주는데, 이를 갖고 법원 내 은행에 비용을 납부하면 된다.

⑥ 집행계고

집행계고란 강제집행을 실시하기 전에 집행관이 현장에 직접 나가서 점유자에게 낙찰자와 원만하게 합의하지 않으면 ○월 ○일에 강제집행을 실시할 것이라는 예고를 해주는 단계다. 만약 점유자가 현장에 없을 시 위 문구가 기재되어 있는 계고장을 현관문에 게재하는 것으로 이 절차를 대신한다. 이 업무지침은 법원마다 약간씩 차이가 있긴 한데, 집행계고를 두 번 하는 곳도 있고 생략하는 곳도 있다.

⑦ 노무비 납부

집행계고를 했음에도 불구하고 점유자가 부동산의 인도에 불응할 경우 강제집행을 위한 노무비를 예납한다. 노무비는 집행신청을 한 부동산의 크기와 사용용도에 따라 가격 차이가 나는데, 아파트나 빌라의 경우 부동산의 전용면적을 기준으로 산출하지만 상가, 사우나, 공장 등 특수한 경우에는 노무사장이 현장에 방문하여 비용을 산출한다.

⑧ 강제집행

집행관과 노무인원이 현장에 출동하여 강제집행을 실시하는 단계인데, 집행 당일에 점유자가 현장에 없거나 짐을 옮길 곳이 없는 경우 낙찰자는 차량비와 보관 창고 비용을 추가로 납부해야 한다. 또한 강제 개문과 열쇠를 교체할 경우 그 비용도 추가된다. 강제 개문만 할 경우에는 10만 원씩 받기도 한다.

⑨ 최고서 발송

강제집행 후 보관 창고로 옮겨진 짐을 점유자가 찾아가지 않는 경우, 낙찰자는 계속해서 보관 창고 비용을 부담해야 된다. 그렇기 때문에 강제집행 후 점유자를 상대로 짐을 찾아가라는 '최고서'를 발송해야 한다. 짐을 찾아가라는 내용의 최고서가 없으면 유체동산경매 절차를 밟을 수 없다.

⑩ 유체동산 매각신청

최고서 발송 후 일주일이 지나면 보관 창고에 있는 짐에 유체동산 매각 신청을 할 수가 있다. 양식은 법원에 비치되어 있다.

⑪ 집행비용 예납 및 공탁

유체동산 경매를 실시하기 위한 집행비용을 예납하고 공탁금액이 나오면 법원 내 은행에 납부해야 한다.

⑫ 유체동산감정

법원에서 지정한 감정사무실을 통하여 보관된 유체동산의 가격을 산정한다. 유체동산의 감정가격이 2,000만 원이 넘으면 추가로 감정료를 납부해야 한다.

⑬ 집행비용확정결정신청

낙찰자가 점유자를 상대로 부동산인도집행에 소요된 제반비용을 청구하는 단계다.

⑭ 유체동산경매실시

감정된 유체동산을 입찰자들끼리 호가 경매하여 낙찰이 되면 그 금액은 집행관이 법원에 공탁한다.

고분양가가 장밋빛 미래를
약속하진 않는다

스물한 살 때, 군 제대하고 나서 서울에 올라와 강남에 있는 기획 부동산에 다녔다. 그곳 사무실 창밖 너머로 타워팰리스가 보였다.

사진이나 TV에서만 보던 부의 상징 타워팰리스는 내게 많은 위안을 주었다. 기운이 없을 때면 강남역에서 도곡역까지 30분을 타워팰리스만을 보며 걸었다. 그곳은 철통 보안이라 안에까지 들어가 보지는 못하고 아쉬운 대로 외벽만 만지곤 했었다. 벽을 만지며 '저곳엔 도대체 어떤 사람들이 살고 있을까? 내부는 어떻게 생겼을까?' 라는 궁금증이 생겼고, 그 궁금증은 '나도 언젠가 저런 초고층 주상복합에 살겠다' 는 다짐을 하게 만들었다.

그 후 나는 기획부동산에서 나와 다시 제주도로 내려갔다. 충분한 준비 없이 서울에 올라왔다는 생각이 들어서였다. 다시 제주도에 내려가서 처음부터 차근차근 준비해야겠다는 생각이 들었다. 솔직히 서울은 돈 있는 사람에겐 살기 편한 곳이지만 돈이 없는 내게는 지옥 같은 곳이었다.

그렇게 3년이 지났다. 당시에는 서울 및 수도권에 미분양 아파트들이 많았다. 지방은 부동산 경기가 좋았지만 서울과 수도권은 그렇지 못할 때였다. 하지만 나는 2012년이면 대선도 있고, 대선 후에는 부동산 경기가 활성화될 것이라고 생각했다.

마침 여윳돈이 있어 수도권의 미분양 아파트를 살 생각으로 여러 곳을 알아보고 있었다. 그때 일산의 초고층 주상복합 아파트가 눈에 띄었다. 일산은 이미 기반 시설이 잘 갖춰져 있어 생활하기 편리했고 내가 그토록 살고 싶은 초고층 주상복합 아파트라는 사실에 마음을 뺏길 수밖에 없었다.

부동산 경기가 좋을 때 분양한 아파트라 평당 금액이 주변 시세에 비해 무척 높았다. 약 80㎡(24평) 기준으로 3.3㎡당 1,500만 원이었고, 큰 평수의 평당 금액은 더 높았다.

미분양 아파트라 2,000만 원만 있으면 계약이 가능했고, 매달 50만 원을 준공 전까지 즉, 2년 조금 넘게 받을 수가 있었다. 거기다 풀옵션, 무료 발코니 확장, 60%까지 무이자대출을 지원해 주었다. 일산에 최초로 들어서는 초고층 주상복합 아파트이기도

하고, 초고층 주상복합치고 드물게 24평형까지 선보여 왠지 희소성이 있어 보였다.

마음을 뺏기니 모든 것이 다 좋아 보였다. 결국 제주에서 일산까지 가서 24평형 아파트 한 채를 덜컥 분양받았다. 그것도 내 나이 스물네 살에 말이다. 계약자 중 최연소였고 멀리 제주에서 계약하러 왔다고 하니 모델하우스 안에 있는 관계자들이 다들 놀라는 눈치였다.

계약할 때는 기분이 참 좋았지만 집으로 돌아오는 길엔 왠지 모를 부담감으로 머릿속이 복잡해졌다. 2년 안에 분양가인 3억 6,000만 원을 마련하는 것은 거의 불가능했기 때문이다. 계약 당시 나의 순자산은 8,000만 원 정도였는데, 땅을 제외한 부동산을 정리하고 나니 현금은 6,000만 원에 불과했다. 2,000만 원을 계약금으로 내고 수중에 남은 돈은 4,000만 원 남짓. 며칠 동안 아무리 머리를 쥐어짜도 2년 후에 잔금을 마련할 방법은 딱 한 가지 부동산 경매밖에 없어 보였다.

직장 생활로는 절대로 아파트 잔금을 납부하기 불가능했다. 그래서 고심 끝에 직장을 그만두고 경매에 매진하기로 했다.

하지만 당시 제주도는 이례적으로 부동산 값이 하루가 멀다 하고 오르고 있었고, 경매에서도 감정가 대비 낙찰가가 100%가 넘는 주택을 보는 것도 흔한 일이었다.

몇 번 입찰했으나 백전백패였고, 주택은 물론 이상한 땅까지 낙찰가가 높아지고 있었다. 계속해서 입찰에서 떨어지니 의욕이 없었다. 제주라는 섬에 갇혀 있다 보니 물건의 양도 한계가 있었고 점점 마음이 조급해지기 시작했다. 결국 그 조급함은 내가 가진 돈 전부를 주식에 투자하게 만들었다.

하루에 최소 몇십에서 몇백이 왔다 갔다 하는데도 겁이 나지 않았다. 나의 판단력은 점점 흐려졌고, 엎친 데 덮친 격으로 유럽발 금융 위기가 터지자 불과 며칠 만에 30% 이상의 손해를 보았다.

그 이후 잦은 매매를 하면서 한 달 만에 1,400만 원을 손해 본 후에야 주식에서 손을 뗄 수 있었다. 1,400만 원이면 1년은 넘게 저축해야 하는 금액이었다. 한순간에 정신이 멍해졌다. 누군가의 쓴소리가 필요한 시점이었지만 아무도 그런 말을 해주지 않았다. 역시 모든 일은 스스로 결정하고 스스로 책임을 지는 것! 세상은 그런 곳이라는 것을 다시 한 번 깨달았다.

그 일을 겪으면서 나 자신에게 실망했고, 외부에서 나를 보는 눈빛도 달라졌다. 절대 잃으면 안 될 자신감까지 상실한 상태다 보니 모든 일이 잘 풀리지 않았다.

지금 생각해보면 당연한 결과였다. 부동산에 대해 조금 안다고 거만해졌고, 어린 나이에 그 정도면 성공한 거라고 사람들이 칭찬을 하니 우쭐해 긴장감이 풀린 것이다.

나는 다시 이성을 찾고 현재의 상황에 대해 되짚어보았다. 제주도라는 특성상 물건에 한계가 있고 일반물건, 특수물건 할 것

없이 경쟁률은 계속 높아졌다.

비유를 하자면 여러 맹수들이 한 자리에서 먹잇감을 기다리는 형국이었다. 먹을 것도 별로 없는 토끼 한 마리만 지나가도 서로 차지하려고 달려드는 꼴이었다. 그곳에서 계속 있다가는 결국 굶어 죽고 말 것이다. 큰 결단이 필요했다. 이제부터는 내가 직접 먹잇감을 찾아 나서야 했다.

이때 나의 절대적인 좌우명이 떠올랐다.

"생각이 바뀌면 행동이 바뀌고, 행동이 바뀌면 결과가 바뀌고, 결과가 바뀌면 희망과 경쟁력이 생긴다."

그날로 바로 짐을 싸서 아버지가 있는 부산으로 이사를 했다. 그리고 10년이 된 차를 끌고 2년 동안 부산에서 서울 그리고 인천, 천안, 청주, 광주, 원주 등 전국을 열심히도 다녔다.

내 예상은 적중했다. 제주를 떠나니 사냥할 수 있는 먹잇감들이 넘쳐났다. 1년 동안 여러 개의 부동산을 낙찰받으면서 자산도 크게 늘어났다.

그와 동시에 분양받은 주상복합의 '입주예정자협의회' 활동도 같이 했다. 처음에는 분양받은 사람들끼리 친목 교류를 위해 온 오프라인에서 활동을 했지만, 입주 시기가 다가오고 회원 수가 늘어나게 되면서 마음이 맞는 사람끼리 앞장서서 협의회 활동을 하게 되었다.

어린 나이에 주상복합을 분양받고, 활동을 조금씩 하면서 많

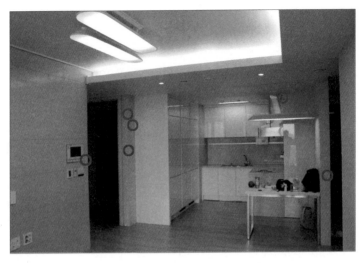

사전 점검 날, 하자가 있는 곳에 포스트잇으로 표시해놓았다.

은 걸 깨달았다. 그중 하나는 분양 계약을 체결하기 전에는 내가 갑이지만 분양 계약을 체결하고 중도금 대출을 받는 순간 무조건 을로 전락한다는 것이다. 계약을 체결하고, 중도금 대출을 받은 후엔 계약 해지를 시행사나 시공사의 동의 없이는 할 수가 없다.

분양할 때는 고분양가가 장밋빛 미래를 약속하는 것 같지만 입주할 때 부동산 경기가 침체될 경우엔 매매가가 분양가보다 낮아지게 된다. 그러면 열이면 열 전부 계약 해지를 하고 싶어 하지만 시행사나 시공사에서 계약을 해지해줄 리 만무하다.

분양 당시의 장밋빛 청사진처럼 안 되더라도 계약 해지는 불

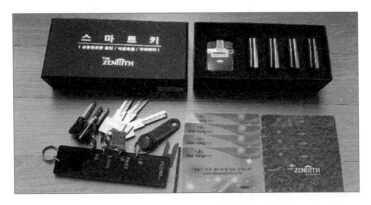

잔금을 납부하고 입주지원센터에서 집 열쇠와 스마트키를 받았다.

가능하다. 많은 사람들이 계약을 해지하기 위해 계약 해지 전문 변호사나 로펌을 끼고 소송을 하지만 승소할 확률은 거의 없다. 오히려 더 큰 피해를 보게 되는 것이 현실이다. 변호사 비용도 내야 되고, 소송하는 동안 어마어마한 연체 이자까지 물어야 하기 때문이다. 영종도가 그랬고 청라나 파주에서도 그랬다.

또 건설사에서 모델하우스에 있는 것처럼 내부 인테리어도 하자 없이 깔끔하고 예쁘게, 조감도처럼 멋지게 해줄 거라 믿었지만 현실은 그렇지 않았다.

다행히 입주예정자협의회 사람 중에 건설사에 근무하는 사람이 있어서 사전 점검을 하기 전에 교육을 받고, 당일 처음 분양받은 집 내부에 들어가서 하자를 체크했다.

큰 것부터 자잘한 것까지 모두 체크했다. 하자가 생각보다 많

1층 로비. 이곳을 지날 때마다 뿌듯한 마음이 들었다.

아 건설사에 단체로 내용 증명을 보내기도 했다. 자신만만하던 건설사도 예상보다 많은 하자에 당혹해했고, 입주 전에 최대한 빠르게 하자를 보수해주었다.

주상복합 아파트 입주 시점에 맞춰 그동안 투자해온 자산을 처분했고, 무사히 잔금을 납부할 수 있었다. 잔금을 납부하고 입주지원센터에서 처음 집 열쇠를 받았을 때 그 기분을 어떻게 설명할 수 있을까? 입주자 전용 주차장에 2년 동안 나와 함께 전국을 누빈 차를 주차하고 로비로 들어설 땐 정말 뿌듯했다. 지금까지 했던 마음고생이 사르륵 녹아내렸다. 간절히 상상하고 바랐던 일이 드디어 이루어지는 순간이었다.

입주 시기가 되자 한꺼번에 많은 물량들이 쏟아졌는데, 80㎡ (24평) 월세의 경우 물량이 너무 많아 보증금 2,000만 원에 월세가 70만 원까지 내려가는 말도 안 되는 상황이 벌어졌다.

모두들 급히 임차인을 구하려고 하다 보니 시세는 계속 낮아졌다. 역시 임대를 주려고 했던 나는 직접 거주하면서 임대 물량이 빠질 때까지 기다려보기로 했다. 두 달 후, 임대 물량이 많이 빠지자 시세는 급격히 상승해 보증금 2,000만 원에 월세 110~120만 원까지 올라갔고, 나는 보증금 1,000만 원에 월세 120만 원으로 1년 단기 임대차 계약을 맺었다.

지금은 신혼부부에게 매도한 상태다. 매매 또한 남들과 다른 시기에 했더니 저층임에도 불구하고 천만다행으로 손해를 보지 않았다.

이 주상복합 아파트 덕분에 많은 것을 배우고 깨달았다. 입주예정자대표단 활동을 하면서 좋은 분들과 인연까지 맺게 되어 내겐 더없이 소중하고 애틋한 곳이다. 또한 잔금을 마련하기 위해 제주도를 떠나 더 큰 세상을 만나게 해준 중요한 계기가 된 곳이다.

주택임대차보호법의 적용 범위

1. 대항력

대항력이란 임차주택이 매매 등으로 양도되거나 후순위 권리자에 의한 경매 등으로 주택소유권에 변동이 생기더라도 임대차 존속기간과 보증금을 보호받을 수 있는 권리다.

즉, 집주인이 바뀌거나 살던 집이 경매를 당할 경우 임대차 기간 동안 새로운 소유자의 간섭 없이 거주할 수 있고 그 임대차 기간이 종료되면 임차보증금을 모두 돌려받을 수 있는 권리를 말한다.

대항력의 취득 요건과 발생시기는 다음과 같다. 임대차 계약을 맺고, 주택을 인도받아 점유를 하고, 주민등록의 전입신고를 한 후, 익일 오전 0시부터 대항력이 발생한다.

공동주택 및 다세대주택의 경우에는 번지수와 동 호수까지 정확히 기재해 전입신고를 해야 대항력이 생기지만 단독주택, 다가구주택의 경우에는 건물의 호수와 관계없이 지번만 올바르게 신고하면 대항력을 취득하게 된다.

2. 우선변제권

집이 경매에 넘어갈 경우, 임차인은 그 낙찰대금에서 보증금에 대한 우선변제를 받을 수가 있는데, 그 요건은 대항력을 갖춰야 되고, 임대차계약서에 확정일자를 받아야 된다. 또한, 법원이 지정한 배당요구 종기일 이내에 배당신청을 해야 되고, 그날까지 전입 및 점유를 계속하고 있어야 한다. 확정일자를 받게 되면 근저당권처럼 담보물건의 지위를 취득하게 된다.

참고로 종종 경매를 한 번도 아닌 두 번씩이나 당하는 경우가 있다. 이런 경우 우선변제권과 최우선변제권은 한 번밖에 인정되지 않는다. 즉, 대항력과 우선변제권을 갖춘 임차인이 첫 번째 경매에서 배당요구를 신청한 경우에는 보증금 전액을 배당받지 못하더라도 두 번째 경매에서 배당요구를 할 수 없다(대법원 2005다21166).

3. 최우선변제권

최우선변제권이란 임차주택이 경매나 공매로 매각되었을 때 경매신청의 등기 전까지 대항력을 갖춘 임차인이 보증금 중 일정액을 매각가격의 2분의 1 범위 내에서 다른 담보물권자보다 우선하여 변제받을 수 있는 권리를 말한다.

최우선변제권의 요건은 보증금이 소액이어야 하고, 경매개시결정기입등기 전에 대항력 요건을 갖추어야 하고, 배당요구종기일까지 배당신청을 해야 한다(확정일자는 기본 요건이 아니다).

주택임대차보호법에 따른 최우선변제금액 적용범위

최선순위저당권 설정일자	지 역	소액보증금 범위	최우선변제금액
2001.9.15.~ 2008.8.20.	수도권 중 과밀억제권역	4,000만 원 이하	1,600만 원
	광역시(인천, 군 지역 제외)	3,500만 원 이하	1,400만 원
	그 외 지역	3,000만 원 이하	1,200만 원
2008.8.21.~ 2010.7.25.	수도권 중 과밀억제권역	6,000만 원 이하	2,000만 원
	광역시(인천, 군 지역 제외)	5,000만 원 이하	1,700만 원
	그 외 지역	4,000만 원 이하	1,400만 원
2010.7.26.~ 2013.12.31.	서울특별시	7,500만 원 이하	2,500만 원
	수도권 과밀억제권역(서울 제외)	6,500만 원 이하	2,200만 원
	광역시(군 제외) *안산, 용인, 김포, 광주 포함	5,500만 원 이하	1,900만 원
	그 외 지역	4,000만 원 이하	1,400만 원
2014.1.1.~ 현재	서울특별시	9,500만 원 이하	3,200만 원
	수도권 과밀억제권역(서울 제외)	8,000만 원 이하	2,700만 원
	광역시(군 제외) *안산, 용인, 김포, 광주 포함	6,000만 원 이하	2,000만 원
	그 외 지역	4,500만 원 이하	1,500만 원

＊수도권정비계획법 중 과밀억제권역

서울특별시, 의정부시, 구리시, 하남시, 고양시, 수원시, 성남시, 안양시, 부천시, 광명시, 과천시, 의왕시, 군포시, 시흥시(반월특수지역 제외), 남양주시(호평동, 평내동, 금곡동, 일패동, 이패동, 삼패동, 가운동, 수석동, 지금동 및 도농동에 한한다), 인천광역시(강화군, 옹진군, 서구 대곡동, 불로동, 마전동, 금곡동, 오류동, 왕길동, 당하동, 원당동, 인천경제자유구역 및 남동국가산업단지 제외)

소액임차인의 기준시점은 임차인의 전입 시점이 아니라 선순위 담보물권(근저당권, 담보가등기, 전세권)이고, 만약 담보물권이 없다면 확정일자부 임차인이 소멸 기준이 된다. 하지만 압류(가압류)는 그 기준일이 되지 않는다.

따라서 최우선변제금을 받기 위해서는 선순위 담보물권의 날짜에 해당되는 소액보증금 범위 안에 들어야 된다.

예를 들면, 제주도에 2009년 2월 20일에 선순위로 근저당권 설정된 주택에 2014년 3월 20일에 보증금 3,000만 원에 월 40만 원에 임대차 계약을 맺은 후 집이 경매로 넘어갈 경우에는 선순위 담보물권의 날짜가 2009년 2월 20일이고, 제주도는 기타 지역이기 때문에 보증금 4,000만 원 이하의 경우에는 최우선변제금을 1,400만 원까지 배당을 받을 수 있게 된다.

3장

월급보다
든든한
상가 투자

내부 인테리어로
경쟁력을 확보하라

인터넷 경매 사이트에서 물건을 검색하던 중, 천안에 위치한 괜찮은 상가를 발견했다. 그 상가 건물은 거의 대부분의 층이 경매로 나와 유찰이 몇 차례나 되었고, 감정가도 시세에 비해서 월등히 높았다. 예전에 해당 물건 근처의 상가가 경매로 나와 몇 번 임장을 다녀왔던 터라 더욱 눈여겨보고 있었다.

입찰 당일 천안 지원은 사람들로 꽉 찼다. 오늘의 메인 물건인 이 상가 때문이라고 생각했다. 해당 상가들은 개별 경매로 나왔고, 감정가 대비 24%까지 유찰이 된 상태였다. 결과적으로 해당 물건은 나를 포함해서 15명이 입찰을 했는데, 2등과 2,500만 원

대로변에서 보면 2층에 위치한 상가

차이로 낙찰을 받았다. 나머지 사람들은 최저가에서 단 1,000만 원 정도만 올려 써서 입찰을 했다. 2등과의 차이가 꽤 컸지만 그래도 싸게 낙찰받았다는 것에 위안을 삼았다.

만약 2등 입찰자가 나보다 100만 원 적게 썼다면 어땠을까? 100만 원 차이로 낙찰받았다고 기분이 좋아졌을 것이다. 사람은 참 간사하다. 그러나 이러한 방법을 컨설팅 회사에서는 역으로 이용하기도 한다. 예를 들어 개인이 컨설팅 업체에 의뢰를 하면 업체는 고객 모르게 사람들을 섭외해 입찰에 참여하게 한다. 그리고 그들이 써낸 입찰가보다 조금 높게 고객 명의로 입찰을

후면에서는 2층이 1층으로 보인다. 상가에 출입하기 위해 엘리베이터나 계단을 이용할 필요가 없다.

받는다. 이런 식으로 1등과 2등의 가격 차이를 근소하게 하는 것이다.

　낙찰받은 상가의 배후에는 대단지 아파트가 있었고, 상가 앞에는 대로변 삼거리가 있어 광고 효과가 매우 좋았다.

　더군다나 앞에서 보면 2층이지만, 뒤에서 보면 1층이었다. 무슨 말이냐면 대로변이 있는 쪽은 지대가 낮았지만 상가 뒤쪽으로는 지대가 조금 더 높아서 2층이 1층으로 보이는 것이다. 아파트도 상가 뒤쪽에 밀집해 있어 사람들은 상가 앞이 아닌 뒤쪽으

용 도	상가	감 정 가	427,000,000
토지 면적	25㎡ (8평)	최 저 가	102,523,000 (24%)
건물 면적	124㎡ (38평)	보 증 금	10,252,300 (10%)
경매 구분	임의경매	소 유 자	임＊＊외1
청 구 액	408,344,505	채 무 자	임＊＊
채 권 자	천안우리신용협동조합(변경전:천안성황신용협동조합)		

■ 진행과정

구분	일자	접수일~
경매개시일	2011.03.17	14일
감정평가일	2011.04.08	36일
배당종기일	2011.07.08	127일
최초경매일	2011.10.05	216일
최종낙찰일	2012.02.21	355일
매각허가일	2012.02.28	362일
납부기한	2012.04.04	398일
경매종결일	2012.06.07	462일

■ 매각과정

회차	매각기일	최저가	비율	상태	접수일~
①	2011.10.05 (10:00)	427,000,000	100%	유찰	216일
②	2011.11.08 (10:00)	↓30% 298,900,000	70%	유찰	250일
③	2011.12.13 (10:00)	↓30% 209,230,000	49%	유찰	285일
④	2012.01.17 (10:00)	↓30% 146,461,000	34%	유찰	320일
⑤	2012.**.**(10:00)	↓30% 102,523,000 낙찰자 안영태 / 응찰 15명 낙찰금 141,090,000 (33.04%) 2위 116,270,000 (27.23%)	24%	낙찰 납부완료	355일
	2012.06.07			종결	462일

로 출입을 했다. 어떻게 보면 1층 아닌 1층인 셈이다.

낙찰받은 물건은 상가의 2층 중 코너 쪽에 있었는데, 공실인데 다 자재들이 마구 쌓여 있었다. 그 상가의 다른 층은 임차인이 있거나 공실이어도 내부는 깨끗한 상태였다. 하지만 나는 2층이라는 점 때문에 그곳을 선택했다. 1층은 임대가 잘 나가고 안정적이지만 가격이 비싸고 상대적으로 수익률도 낮다. 반면 층수가 높으면 임대하기도 힘들고 무엇보다도 환금성이 낮다. 이 때문에 투자하기에는 2, 3층이 딱 적당하다고 생각했다.

나는 낙찰을 받은 후 최대한 빨리 잔금을 냈다. 임차인이 없는 공실도 몇 군데나 있었고, 기존 임차인과 재계약이 안 되는 상가가 많을수록 내 상가를 임대하기 힘들어지기 때문이다.

입찰 전 현장을 조사할 때 관리실에 알아보니 건물주가 경매개시일 전까지는 관리비를 냈으나 그 이후부터 관리비를 납부하지 않았다고 했다. 미납 관리비는 반드시 입찰 전에 조사해야 한다. 내가 낙찰받은 상가는 미납 관리비가 무려 330만 원이었다.

수익률을 계산할 때 당연히 미납 관리비도 포함해야 한다. 공실의 경우 연체 이자를 제외한 미납 관리비(공용 부분에 한해)는 낙찰자가 최대 3년치까지 인수해야 하기 때문이다.

그런데 문득 어차피 내야 할 거 합의를 보자는 생각이 들었다. 낙찰자에게 유리한 판례를 내용증명으로 보내고 관리사무소와 협상에 들어갔다.

내용증명을 보낸 며칠 후, 관리사무소에서 연락이 왔다.

"지금 내용증명을 받아 읽어봤는데, 그럼 관리비를 안 내시겠단 말씀이세요?"

"네, 그렇습니다. 그 이유는 제가 내용증명으로 보낸 대로 입니다."

"아니, 그래도 다른 낙찰자들은 다 낸다고 하던데요? 그리고 지금 저도 월급을 몇 개월째 못 받고 있어요. 이 건물은 전기세도 못 내서 전기가 끊길 수도 있어요. 관리비를 내셔야지 저희가 전기세도 내고 그러죠."

"그건 어딜 가나 그런 말씀을 하시더라고요. 근데 저도 넉넉한 형편은 못 돼서요. 죄송합니다."

"아, 사장님! 왜 그러세요. 진짜 안 내면 큰일나세요."

"그럼, 우선 연체료를 뺀 관리비 11개월치 원금이 정확히 얼마인지 메일로 보내주세요. 체납 상세 내역서까지도요. 그걸 보고 다시 말씀 나누죠."

몇 분 후 메일이 왔고, 내가 다시 전화를 걸었다

"메일로 받아서 확인했는데, 원금만 300만 원이네요?"

"네, 맞아요. 한 달에 관리비가 22~23만 원 나오는데, 2월달만 소방비 때문에 조금 더 나왔어요."

"그럼 제가 원금만 부담하도록 하겠습니다."

"정말 고맙습니다."

"대신 조건이 있습니다. 제 상가에 전 소유자의 짐이 많습니다. 그 짐을 다 치워주시면 좋겠습니다. 제가 함부로 치우면 법에 걸리니까요."

"네, 그럼 전 소유자와 얘기해서 전화드리겠습니다."

그 이후에 관리사무소에서 전 소유자에게 연락을 했고 결국 짐을 치워도 된다는 허락을 받았으나, 관리사무소 직원이 여자라 혼자 많은 양의 짐을 치우기가 힘들어서 짐을 알아서 치워도 된다는 통보를 내게 해주었다.

전 소유자가 내게 직접 통보한 것은 아니어서 확약서를 관리사무소에서 받았다. 만약 전 소유자가 나중에라도 문제를 제기할 경우 관리사무소에서 책임을 지겠다는 내용의 확약서였다.

내 용 증 명

수 신 : 충청남도 천안시 ○○○

수신인 : ○○○ 관리사무소 관리인

발 신 : 부산광역시 ○○○

발신인 : 안영태

발신인은 2011타경 XXXX호를 대전지방법원 천안지원에서 낙찰을

받고 2012년 ○월 ○일에 잔금납부를 완료한 상기 부동산의 소유자입

니다.

본인은 한 번도 입점을 하지 않은 전 소유자(건축주)의 상가 중 하나

를 경락으로 인해 소유권 이전을 하였으나, 귀하께서 11개월 동안 밀

린(2012. 2월 말까지) 체납관리비(연체료 포함) 금 3,346,080원을 본인

께 요구하는 것에 대해 아래와 같이 통보하는 바입니다.

- 아   래 -

1. 본 상가 건물의 최초 소유권보전일은 2007. 12. 10 임○○, 최○○가
   하였습니다. 그로부터 본인이 경락받는 날까지(2012년 ○월 ○일)
   분양은 안 되었고, 다른 사람이 입점을 한 적도 없이 자재들이 쌓인
   채 계속 방치되어 있습니다.

2. 경매개시결정일 이후 본인이 잔금을 내기 전까지 건축주는 본 호
   수의 상가에 대해서 관리비를 연체 및 체납하였습니다.

3. 그런데 귀하께서는 그 체납된 관리비를 연체료를 포함하여 건축주
   가 아닌 본인에게 납부를 요구하고 있습니다.

4. 귀하께서는 대법원 판례를 이유로, 체납된 관리비는 특별승계인인
   낙찰자가 부담하는 것으로 알고 있을 것입니다. 귀하께서 알고 있
   는 대법원 판례는 다음과 같습니다.

5. 대법원 2001. 9. 20. 선고 2001다8677 전원합의체 판결
   집합건물의 공용부분은 전체 공유자의 이익에 공여하는 것이어서
   공동으로 유지·관리해야 하고 그에 대한 적정한 유지·관리를 도
   모하기 위해서는 소요되는 경비에 대한 공유자 간의 채권은 이를
   특히 보장할 필요가 있어 공유자의 특별승계인에게 그 승계의사의
   유무에 관계없이 청구할 수 있도록 집합건물법 제18조에서 특별규
   정을 두고 있는바, 위 관리규약 중 공용부분 관리비에 관한 부분은
   위 규정에 터잡은 것으로서 유효하다고 할 것이므로, 아파트의 특

별승계인은 전 입주자의 체납관리비 중 공용부분에 관하여는 이를
승계하여야 한다고 봄이 타당하다.

6. 위의 판례를 보면, 특별승계인은 체납관리비 중 공용부분에 관하
여는 이를 승계해야 한다고 하였습니다. 이와는 반대로 낙찰자가
체납된 관리비를 승계하지 않아도 된다는 판례를 알려드립니다.

7. 대법원 1996. 12. 10. 선고 96다12054 판결

관리단이 실제로 조직되지 아니한 상태에서 미분양된 전유부분의
소유자로서 구분소유자 중의 1인인 건축주가 주체가 되어 건물을
사실상 관리하여 왔다면 그것을 바로 관리단에 의한 자치적 관리
로 볼 수는 없고, 설사 빌딩 내 점포소유자와 임차인들 중 층별 대
표자들로 자치관리위원회가 조직되고 그 자치관리준비위원회가
그 이후에 발족한 관리단과 동일성이 인정되는 단체라고 하더라도
실제로 건축주로부터 관리권을 넘겨받아 자치관리를 개시하지는
못하고 여전히 건축주가 주체가 되어 빌딩을 관리하였다면 건축주
가 관리하던 기간 동안에 발생한 채권채무는 건축주에게 귀속되고
준비위원회에 귀속되지 않는다는 이유로, 관리단으로서는 스스로
실제적인 자치관리를 개시하기 전에 건축주가 관리하던 기간 동안
에 건축주가 관리비용으로 사용하기 위하여 차용한 채무에 대하여
이를 부담한다거나 포괄 인수한다고 할 수 없다.

8. 위의 경우 '건축주가 주체가 되어 빌딩을 관리하였다면'은 건축주
가 직접 관리사무소장을 임명하고 그 관리사무소장이 관리한 것도

포함합니다(해당 사건 상고이유 참조). 즉, 낙찰자는 이러한 경우에 체납관리비 부담의무가 없습니다. 그 이유는 분양이 되지 않고 각 호수의 소유자가 정해지지 않은 상황에서 관리단이 구성될 수 없기 때문입니다.

9. 또한 '창원지법 1997.7.25. 선고 97나3501 판결【관리비】: 확정'에 보시면 "경락(경매)으로 집합건물의 소유권을 취득한 자는 승계취득이 아닌, 원시취득자로서 집합건물의소유및관리에관한법률 제27조 제2항, 공동주택관리령 제9조 제4항 소정의 '승계인'이라 할 수 없으므로, 그 소유권 취득 이전의 체납관리비에 대하여는 납부의무가 없다"라고 하였습니다.

10. 이 판례에 따르면 본인은 미분양된 상가를 경락(경매)으로 인해 소유권을 취득한 원시취득자입니다. 이러한 이유들로 본인은 공용부분에 대한 관리비를 인수할 필요는 없습니다.

11. 따라서 본인은 전 소유자의 체납관리비를 납부할 의무가 없음을 최종적으로 알려드리는 바입니다.

12. 본인은 새로운 소유자로서 의무를 다할 것이고 권리행사도 할 것입니다. 만약 위 부실채권(체납된 관리비) 이유로 본인의 입주 혹은 제3자의 입주를 방해할 경우 '업무방해'로 형사고소를 제기함과 동시에 민사적으로 손해배상책임을 물을 것입니다. 또한 단전, 단수로 인해 건물을 사용, 수익하지 못한다면 당연히 그 기간 동안의 관리비에 대한 부담은 없고, 오히려 해당 건물의 임료 상당

의 손해배상에 대한 책임을 물을 것입니다(서울고법 2007.4.12. 선고 2006나17760).

13. 본인은 소유권 취득 이후부터의 관리비는 제때 체납이 없이 납부할 것이며, 위 항과 같은 일이 발생하지 않고 귀하와 계속 원만한 관계를 형성할 수 있도록 진심으로 바라는 바입니다.

2012년 ○월 ○일

발 신 인 : 안 영 태 (인)

시간을 내서 아버지와 함께 짐을 치우러 갔는데 마땅히 짐을 처리할 곳이 없어 주변의 재활용센터에 전화를 걸었다. 얼마 후 재활용센터 직원이 오더니 다른 건 모두 수거가 되지만 유리, 큰 널빤지 등은 팔지도 못하고 처리도 곤란해 가져가지 못하겠다고 했다. 어차피 치워야 할 물건이었기 때문에 2만 원을 줄 테니 짐들을 싹 다 가져가달라고 부탁했다. 굉장히 무거운 유리였는데, 그 분도 알겠다면서 모든 짐을 치워주었다.

결국 관리사무소에서는 관리비를 받아서 좋고, 나 또한 관리비 납부를 이유로 상가 안에 짐들을 깔끔하게 치울 수 있어 좋았다. 만약 관리사무소와 관리비 때문에 서로 비협조적인 상태에서 내가 강제집행을 했다면 그 비용도 만만찮게 들었을 것이다.

무엇보다 중요한 것은 정상적인 상태에서 빨리 임대를 내놓는 것이다. 모든 일을 처리하고 상가에 현수막을 크게 걸었다. 대로변 삼거리에(현재는 사거리) 위치하고 있어서 광고 효과가 뛰어났다. 그때가 마침 국회의원 선거 기간이었고 해당 상가 건물에도 크게 선거 광고 현수막이 걸려 있었다(그곳이 그만큼 광고 효과가 좋은 위치였다).

현수막을 내걸고 동시에 상가 내부 단장에 들어갔다. 마침 해당 상가 1층에 인테리어 업체가 있어 찾아갔다. 나중에 임차인이 들어올 경우 이 업체에서 시공할 수 있도록 소개시켜주기로 하고 고급스러운 우드타일을 저렴한 가격에 견적을 받았다.

내가 우드타일로 시공을 한 이유는 다른 상가와의 차별화로 경쟁력을 확보하기 위해서였다. 공실이 난 주변 상가를 가보니 바닥, 천장 등이 지저분한 상태로 방치되어 있었다. 대개의 경우 임차인이 인테리어를 하기 때문에 임대인들은 상가 내부 인테리어에 신경을 쓰지 않는 경우가 많다. 하지만 임차인의 입장에서 생각해보면 가격과 평수, 입지 등 조건이 비슷하다면 인테리어가 조금이라도 깔끔하게 된 곳을 선호하기 마련이다.

나는 상가를 낙찰받으면 바닥과 천장은 기본적으로 인테리어를 해놓는다. 그것이 좋은 임차인을 맞이하기 위한 기본이며, 동시에 경쟁력 확보를 위한 나만의 방법이다.

현수막을 걸고 난 후, 임대 문의 전화가 많았지만 하나같이 마음에 드는 업종이 아니었다. 그때 해당 건물 4층 상가를 임시 선거캠프로 쓰고 있던 국회의원 후보가 당선이 되었다. 당시 나는 내가 사는 지역의 선거 결과보다 이 지역 선거 결과에 더 큰 관심을 가졌었다.

이 기회를 놓치면 안 된다고 생각했다. 내 상가를 국회의원 사무실로 만들기로 결심하고 바로 상가로 향했다. 때마침 점심시간이라 국회의원 사무장이 내 상가를 겉에서 둘러보고 있었다.

"문 좀 열어드릴까요?"

"네? 열쇠 있으세요? 혹시 부동산에서 오셨어요?"

"아니요, 여기 상가 주인입니다. 문 열어드릴 테니 한 번 보고

가세요.”

상가 내부를 함께 구경하면서 마치 중개업자처럼 계속해서 말을 했다.

“이번에 새로 시공한 우드타일이에요. 색깔도 고급스럽고 바닥도 미끄럽지 않게 약간 거친 재질로 시공했습니다. 여기 상가가 외부 노출이 잘되어 있어 국회의원 사무실로 쓴다면 간접홍보도 많이 될 거예요.” (후략)

그 후에 사무장은 상가가 마음에 들었는지 계약할 의사를 밝혔다. 그런데 예기치 못한 일이 생겼다. 옆 호수에 사무실로 쓰던 회사가 있었는데 새로 낙찰받은 사람과 불화가 생겨서 임차인이 나갔고, 새 주인이 임대를 내놓은 것이다.

만약 내 상가에 들어오게 되면 새로 사무실 인테리어를 해야 하기 때문에 비용이 발생한다. 반면 옆 호수를 임대하면 이미 인테리어가 되어 있기 때문에 그만큼 비용을 절감할 수 있다는 이유로 사무장은 그곳을 임차하고 싶다고 의사를 내비쳤다.

그러나 몇 분 뒤 다시 전화가 왔다. 옆 호수의 임차인이 사무실 인테리어를 모두 다 떼어간다고 하여 다시 처음의 상황으로 돌아온 것이다.

하지만 마지막까지 보증금 금액 조율 문제로 애를 먹었다. 상대방은 내가 정한 보증금 하한선보다 더 낮추려고 했다. 만약 낮추지 못한다면 계약할 수 없을 것 같다고 했다.

국회의원 사무실로 인테리어 중

국회의원 사무실로 쓰게 되면 그 자체가 프리미엄이 되고, 월세도 꼬박꼬박 들어올 것이다. 그러나 투자금 회수도 중요했기 때문에 더 이상 보증금을 낮출 수는 없었다. 나는 계약을 하지 않을 각오로 냉정하게 말했다.

"이 금액 이하로는 절대로 안 됩니다."

그러자 사무장은 그럼 다른 곳을 알아봐야겠다고 하더니 5분 만에 다시 전화가 왔다.

"계약하시죠."

당선된 국회의원이 내 상가를 무척 마음에 들어한다고 했다.

우드타일을 깐 효과가 아니었을까? 바로 옆 건물의 2층 상가 역시 공실이었다. 내 상가와 비슷한 평수였으나 월세는 내 상가가 더 높았다. 그럼에도 불구하고 먼저 임대가 나간 것이다. 그 상가가 장기간 공실인 이유는 노후된 채 관리가 되지 않았기 때문이라고 생각한다.

서둘러 일 처리를 한 덕분에 한 달 만에 임대를 놓을 수 있었다. 지금은 상가 길 건너편으로 대단지 브랜드 아파트가 들어섰다. 덕분에 삼거리는 사거리로 변했고, 112㎡(34평)가 주평형인 아파트가 들어서면서 이 지역은 새로운 주거 지역으로 바뀌고 있다.

투자 내역을 보면 다음과 같다.

낙찰가 : 1억 4,109만 원
등기비 : 730만 원(법무사비 및 인지세 등)
관리비 : 300만 원
대출 : 1억 1,200만 원(연이율 6.13%, 3년 고정, 월 이자 57만 원)
기타비 : 150만 원(우드타일 시공비, 현수막 등)
___
초기 자기자본 : 4,089만 원

임대차 계약 체결 후에는 다음과 같다.

보증금 : 2,500만 원

월세 : 110만 원

실투자금 : 1,589만 원

순 월세 : 53만 원(대출이자를 제하고 남은 금액)

수익률 : 53만 원×12개월/1,589만 원=40%

대출이 없는 경우 수익률 : 110만 원×12개월/1억2,789만 원=10.3%

처음 대출을 받았을 때의 이자율은 6.13%였다. 하지만 그 후 계속해서 금리가 낮아져 낙찰 1년 후, 미리 대출에 필요한 서류들을 준비해 해당 은행 지점으로 가 바로 대환대출 신청을 했다.

같은 은행 같은 지점이기 때문에 인지대 5만 원 정도만 부담하고 이자율을 4.87%로 갈아탈 수가 있었다. 이자가 45만 원 정도로 낮아져 한 달에 12만 원, 1년이면 144만 원을 아낄 수 있었다. 수익률 역시 순 월세가 53만 원에서 65만 원으로 늘어났다.

다만 금리를 낮춰 대환대출로 갈아탈 때 유의할 사항이 있다. 곧 매매할 예정이라면 중도 상환 수수료가 있기 때문에 신중하게 생각해야 한다.

이 물건은 2년을 보유하고, 임대 계약을 연장한 후에 노후 준비를 하는 사람에게 매매했다. 1층 상가와 비교하며 고민했는데, 2층이지만 국회의원이 임차인으로 있어 월세가 매달 밀리지 않고 들어온다는 점을 마음에 들어했다.

이 물건의 경우 양도소득세를 신고할 때, 이전에 납부한 체납 관리비를 필요경비로 인정받았다(대법원2012두28285 판결 참조).

공매의 이점을
최대로 활용하라

초저금리와 베이비부머 세대들의 은퇴로 상가에 대한 사람들의 관심이 날이 갈수록 높아지고 있다. 경매 경쟁률이 높아져 나는 공매로 눈을 돌렸다. 공매는 경매보다 자료가 부족하고, 명도가 더 힘들기 때문에 경쟁률이 낮고, 낙찰가율 또한 경매에 비해 낮은 편이다. 또한 전자입찰이기 때문에 경매처럼 해당 법원까지 갈 필요 없이 집에서 인터넷으로 간편하게 입찰할 수 있다는 큰 장점이 있다.

그렇게 공매에 관심을 갖고 상가를 검색하던 중 눈에 띄는 물건을 하나 발견했다. 충북의 한 지방에 있는 물건인데 건물 전체

처분방식	매각	재산종류	압류재산	물건상태	낙찰
감 정 가	279,000,000 원	위임기관	****	개 찰 일	14.**.** (11:00)
최 저 가	139,500,000 원	소 유 자	이**	입찰시작일	14.**.** (10:00)
용 도	근린생활시설	배분종기일	14.02.17	입찰종료일	14.**.** (17:00)
면 적	대 71.4849m² 지분(총면적 395.9m²), 건물 205.3m²				
주 의 사 항	· 명도책임자 - 매수자 · -임차인이 있는 것으로 조사된바, 임차인으로 대항력 여부 등에 관하여 사전조사 후 입찰바람				
집 행 기 관	한국자산관리공사	담 당 부 서	충북지역본부	담 당 자	조세정리팀
연 락 처	043-279-2434	E m a i l			

■ 진행내역

입찰번호 (회차/차수)	대금납부 (납부기한)	입찰시작일자 입찰마감일자	개찰일자	최저가(감정대비) 낙찰가(낙찰가율)	결과 (응찰자수)
2014-*****-*** (***/***)	일시불 (낙찰금액별 구분)	2014.**.** (10:00) 2014.**.** (17:00)	2014.**.** (11:00)	139,500,000 (50%) 151,050,000 (54%)	낙찰 +지세히 (2명)

가 공매로 나왔다.

이 물건은 이면도로에 위치하고 있지만 코너에 있는 건물로 광고 효과가 좋고, 바로 앞 마트에 무료 주차장이 있어 주차도 편리했다. 게다가 주변이 중소형 평수의 대단지 아파트로 이루어져 있었다. 사실 이 지역의 중심상업지역 내에 있는 상가들은 경매로 많이 나오는 편이라 중심상업지역이 아닌 근린상업지역 물건에 관심을 가졌다. 근린상업지역에는 경매 물건이 거의 나오질 않았기 때문이다.

해당 건물 1층은 이미 낙찰이 다 된 상태였고, 2층 역시 임차인이 낙찰을 받은 상황이었다. 나머지 층수 중 3층에 관심을 갖고 조사를 시작했다. 3층에는 임차인이 7년 정도 발레학원을 운영하고 있었고, 내부 상태도 매우 깔끔했다. 해당 건물은 별도로 관리사무실이 없어 미납 관리비 부담도 상대적으로 적었다. 건물 주변으로 공실이 거의 없다는 것도 마음에 들었다. 주변 부동산들을 통해 시세 조사를 하면서 충분히 좋은 수익을 얻을 수 있을 거라 판단해 입찰에 참여했다. 입찰에는 네 명이 참여했는데, 두 명은 무효가 됐고 한 명은 나보다 낮게 입찰을 했다. 결국 내가 최고가 낙찰자가 되었다. 이 건물은 뒤늦게 경매가 진행되었는데 1층의 경우에는 공매 낙찰가보다 경매 낙찰가가 1억 원씩 더 높게 낙찰이 되기도 했다.

낙찰받고 일주일 뒤, 임차인에게 보증금 5,000만 원 전액을 배당받지 못할 것이라는 점과 내가 시세보다도 저렴하게 상가를 낙찰받았다는 두 가지 이유로 주변 시세보다 더 저렴하게 재계약을 맺을 의사가 있고, 재계약을 하지 않을 경우에는 빠른 시일 안에 상가를 비워달라는 내용으로 내용증명을 보냈다.

내용증명을 받은 임차인은 전화 통화로 재계약을 원한다고 말했고, 구두상으로 재계약을 하기로 합의를 보았다. 그런데 계약을 하기 위해 해당 물건지로 이동하는 중 임차인이 갑자기 말을 바꾸는 게 아닌가! 아침 일찍 부산에서 기차를 타고 충북까지 가던 중이라 순간 화가 치밀었다.

"그렇게 말을 바꾸시면 법대로 처리할 수밖에 없습니다."

임차인은 "마음대로 하세요"라며 전화를 끊어버렸다.

결국 감정만 상한 채 전화 통화는 끝이 났고, 집으로 돌아온 나는 서둘러 내용증명을 작성해 인터넷 우체국 사이트에 신청했다. 그 후 바로 전자소송으로 부동산점유이전금지* 가처분과 명도 소송을 함께 진행했다. 오전에 접수를 했는데, 오후에 임차인 부모님으로부터 전화가 왔다.

"임차인 ○○○의 부모 되는 사람입니다. 다름이 아니고, 사정 좀 봐주시길 부탁드립니다. 우리 애도 보증금 다 날리고, 여러 가지 문제로 스트레스가 이만저만이 아닙니다."

"이해합니다. 그래서 저도 원만한 선에서 재계약을 하려고 했는데, 저를 속이더군요. 그분과 재계약할 의사는 없고, 5월 안으로 나가주시길 바랍니다. 오전에 내용증명과 명도소장도 접수했습니다."

"5월 안으로는 너무 힘들고, 정리할 시간을 주시길 바랍니다. 6월 중순까지는 무조건 나가겠습니다. 그리고 저도 경매 좀 하는 사람인데, 명도 소송하면 보통 6개월에서 1년까지도 걸리던데, 6월 중순까지는 시간을 주세요."

"명도 소송은 특정한 쟁점이 없으면 3~4개월이면 충분히 끝납니다. 어쨌든 6월 15일까지 비워주시길 바랍니다. 만약에 그때까지 비워주지 않으면 소 취하는 안 할 것이고, 제가 잔금을 낸

● **부동산점유이전금지** : 부동산의 권리관계를 현재 상태로 보전하기 위해 법원에 의뢰하는 행위. 예를 들어 소유주 '갑'이 임대료를 체납하고 있는 세입자 '을'에게 상가를 비워달라는 명도 소송을 제기하는 중에 세입자 '을'이 '병'에게 상가 점유를 양도하게 될 경우 '갑'은 '병'에게 별도의 명도 소송을 제기해야 하는데 이러한 번거로움을 피하기 위해 해당 부동산의 점유의 이전을 금지하는 처분명령이다.

사건번호	2014가단15		사건명	[전자] 건물명도
원고	안영태		피고	채 **
재판부	민사5단독			
접수일	2014.05.19		종국결과	2014.06.18 소취하
원고소가	85,916,820		피고소가	
수리구분	제소		병합구분	없음
상소인			상소일	
상소각하일				
인지액	352,400원			
송달료,보관금 종결에 따른 잔액조회			» 잔액조회	

▌ 최근기일내용 » 상세보기

일 자	시 각	기일구분	기일장소	결 과
2014.07.03	10:00	판결선고기일	327호 법정	연기

* 최근 기일 순으로 일부만 보입니다. 반드시 상세보기로 확인하시기 바랍니다.

▌ 최근 제출서류 접수내용 » 상세보기

일 자	내용
2014.06.18	원고 안영태 소취하서 제출

* 최근 제출서류 순으로 일부만 보입니다. 반드시 상세보기로 확인하시기 바랍니다.

날로부터 임대료와 소송 비용 등을 청구할 수밖에 없습니다."

"네, 알겠습니다. 나중에 비워주면 꼭 취하해주세요."

더 많은 이야기가 오갔지만 대강의 통화 내용은 이러했다.

이후, 약속대로 그 날짜 전에 상가를 비워주었고 잔금을 납부한 날로 한 달 만에 명도가 끝났다. 당연히 바로 소 취하를 했고, 인지세도 절반 정도 돌려받게 됐다. 명도가 끝나고 상가에 방문해 지난번에 보지 못한 구석구석까지 꼼꼼히 확인할 수 있었다. 그리고 현수막 세 개를 크게 제작해서 설치했다.

상가에는 2평 정도 되는 조그마한 창고가 있었다. 순간 예전

명도 후 상가 내부 모습. 임차인이 얼마나 관리를 잘했는지 느낄 수 있었다.

에 살았던 고시원과 원룸이 생각났다. 좁디좁은 공간에 살림살이를 다 가져다 놓고 살았었는데, 이제 이렇게 넓은 상가의 주인이 되다니…. 이 한 층 전체를 고시텔 방으로 만들면 최소 스물두 개 이상은 나오는 규모이니 순간 어깨가 으쓱해졌다.

하지만 아직도 처리할 일이 남아 있었다. 건물 전체가 공매로 나와서 상가의 소유자들이 새로 바뀌었기 때문에 밀린 공과금과 관리에 대한 업무 등을 해결해야 했다. 다행히 상가를 낙찰받은 사람들 중 그곳에서 영업을 하고 있는 사람이 있어 원만하게 일을 진행할 수 있었다. 건물이 정상화되자 다른 층에도 차츰 임차인들이 들어왔고, 내 상가 역시 인테리어가 깔끔하게 되어 있어 몇 개월 만에 임차인을 맞이할 수 있었다.

투자 내역은 다음과 같다.

낙찰가 : 1억 5,109만 원

등기비 : 880만 원(법무사비 및 인지세 등)

관리비 : 100만 원

대출 : 1억 1,600만 원(연이율 3.58%, 월 이자 35만 원)

기타비 : 30만 원 (현수막, 신문 광고료)

초기 자본 : 4,519만 원

임대차 계약 체결 후에는 다음과 같다.

보증금 : 3,500만 원

월세 : 120만 원

실투자금 : 1,019만 원

순 월세 : 85만 원(대출이자를 제하고 남은 금액)

수익률 : 85만 원×12개월 / 1,019만 원 = 100%

대출이 없는 경우 수익률 : 120만 원×12개월 / 1억 2,619만 원 = 11.4%

소   장

원 고 : 안영태

　부산 ○○동

피 고 : 채 ○○

　충북 ○○동

건물명도 등 청구의 소

청 구 취 지

1. 피고는 원고에게

　가. 별지목록 기재 부동산에 관하여 명도하고,

　나. 2014. 5. 14부터 위 부동산 명도 시까지 매월 금 1,800,000원

　　의 비율에 의한 금원을 지급하라.

2. 소송 비용은 피고의 부담으로 한다.

3. 위 제1항은 가집행할 수 있다.

라는 판결을 구합니다.

청 구 원 인

1. 당사자의 지위

원고는 2014. ○. ○ 한국자산관리공사 조세정리부에서 진행하는 공매 절차에서 충북에 소재한 상가(이하 '이 사건 부동산'이라고 함)를 낙찰받고, 2014. ○. ○에 잔금을 완납한 소유자입니다. 피고는 이 사건 부동산이 낙찰되기 전, 이 사건 부동산에 2007. ○. ○에 보증금 50,000,000원에 대한 후순위로 전세권 설정을 하면서부터 영업을 한 자입니다. 피고는 2013년에 법원 경매가 진행되면서(2012타경0000, 7번 물건) 보증금 50,000,000원과 월차임 1,200,000원에 배당요구를 법원에 신청한 바 있습니다.

그 후, 경매 취하가 되고 전 소유자인 이○○과 월차임에 대해서 조정을 하였고, 또다시 한국자산관리공사로부터 2014년에 공매가 진행되면서 보증금 50,000,000원과 월차임 800,000원에 영업을 한다고 한국자산관리공사에 배분요구 신청을 하였습니다. 또한, 현재 무상으로 사용하는 자입니다. (갑 제1호증, 갑 제2호증, 갑 제3호증, 갑 제4호증)

2. 피고의 계약 거부와 무단사용에 대해

가. 원고는 한국자산관리공사 조세정리부에서 이 사건 부동산을 낙찰받은 후, 잔금 납부 전에 피고와 여러 차례 통화를 하였고, 시세보다 더 저렴한 금액인 보증금과 월세로 임차계약할 것을 내용증명을 통해 제안하였습니다.(갑 제5호증)

그 후, 피고와 보증금 0000원에 월 000원(부가세 별도)에 임차계약을 하기로 구두로 합의하였고, 2014. ○. ○ 경에 만나서 임차계약을 맺을 예정이었습니다. 허나 잔금납부를 진행하면서 대출신청을 하였는데, 은행 측에서 2014. ○. ○ 이후에나 대출이 가능하다고 하여, 잔금납부 전에 피고와 임차계약을 하는 것은 불법이므로, 2014. ○. ○에 피고에게 전화를 걸어 2014. ○. ○에 만나서 임차계약을 하자고 하였습니다.

그렇게 원고는 2014. ○. ○에 잔금납부를 하고 2014. ○. ○에 이 사건 부동산으로 향하는 도중에 피고와 통화를 했으나, 피고는 그 사실을 기억하지 못하고 오히려 등기부상에 소유권이전이 되었는지를 확인한 후, 피고가 알고 있는 법무사와 2주간의 시간동안 원고와 임차계약을 할지 안 할지를 판단하여 원고에게 통보한다는 어처구니없는 말을 하였습니다. 그 말을 듣고, 임차계약을 없었던 일로 한다는 점과 5월 말까지 이 사건 부동산을 비워주기를 피고에게 부탁하였으나, 피고는 이를 거절하고 법대로 처리하라고 원고에게 통보하였습니다.

나. 또한 현재 피고는 아무런 권원도 없이 이 사건 부동산을 무용학원으로 사용하고 영업을 하며 계속 수익을 올리고 있습니다.

3. 결 론

그렇다면 피고는 별지 목록 기재 부동산에 대해 보증금 없는 월임료 상당의 부당이득을 취하고 있다고 할 것이고, 따라서 피고는 원고가 소유권을 취득한 2014. ○. ○부터 이 사건 부동산을 명도할 때까지 보증금 없는 월임료 상당의 금원을 원고에게 지급할 의무가 있다고 할 것인데, 정확한 월임료는 추후 감정에 의하여 특정하기로 하고, 우선 원고가 이 사건 부동산을 취득하기 전 임차금액(보증금 50,000,000원과 월차임 800,000원)에 기초하여 보증금에 대해 월2부로 계산한 금 1,000,000원과 기존 월차임 800,000원을 합한 금액인 월 1,800,000원씩만 구하고, 따라서 원고는 청구취지와 같은 판결을 구하고자 이 사건 소송을 제기합니다.

입 증 방 법

1. 갑 제1호증 매각결정통지서
1. 갑 제2호증 경매매각물건명세서
1. 갑 제3호증 공매재산명세서
1. 갑 제4호증 등기부등본
1. 갑 제5호증 내용증명

첨부서류

1. 위 소명방법 각 1통

1. 건축물대장 1통

1. 별지부동산목록 3통

2014. ○. ○○

원고 안영태

청주지방법원귀중

유치권을 부정하는
증거는 많을수록 좋다

이 물건 역시 충북의 한 지방에 있는 상가다. 지방에 있는 물건인데도 불구하고 관심을 가졌던 이유는 딱 하나였다. 한 호수의 상가인데 네 개로 분할되어 있었고(현황상), 그중에 세 곳은 모두 임차인이 영업을 하고 있었다(두 곳은 음식점, 한 곳은 사무실). 처음 물건을 검색했을 때는 1회차였고, 3회차까지 유찰되면 다시 생각해보기로 하고 관심 물건으로 등록해두었다.

이후 3회차까지 내려갔다. 유찰이 된 이유는 지방에 있는 물건이고, 유치권이 두 개나 신고되어 있었기 때문이다. 또 건물 전체가 개별 경매로 나오기도 했다.

그래도 한번 입찰해보자고 마음먹고 부산에서 청주지방법원까지 차를 몰고 달렸다. 차가 조금 막혀 입찰 마감 시간 10분 전에 도착했다. 간신히 입찰에 참여했으나 단독 낙찰이었다.

만약 조금 더 늦게 도착해 입찰을 하지 못했다면 운이 좋았다고 생각했을까? 아니다. 다음에 입찰할 때도 이번에 쓴 금액 정도로 입찰을 했을 것이다. 유찰이 많이 될수록 사람들의 관심이 높아져 다음 번 입찰 때 지난 번 유찰됐을 때의 최저가보다 더 높은 가격에 낙찰되는 경우도 많기 때문이다.

집행관이 젊은 나를 보고 유치권*이 두 개나 신고되어 있는 것을 아냐고 재차 물었다. 뒤에서도 수근수근 대는 것 같았다.

내가 단독 낙찰을 받은 것에 대해 겁먹고 두려워했을까? 전혀 그렇지 않다. 사실 자신감에 차 있었기 때문에 낙찰받은 것이 기뻤다. 충분히 조사를 하지 않고 입찰했다면 단독 낙찰을 받는 순간 당황스럽고 두려웠을 것이다. 하지만 나 자신에게 확신이 있었기 때문에 낙찰 영수증을 받고, 기분 좋게 법원을 빠져나왔다.

그런데 그때 뒤에서 낯선 사람 세 명이 나를 따라나왔다. 그들

● **유치권** : 타인의 물건 또는 유가증권을 점유하는 자가 그 물건 또는 유가증권에 관하여 생긴 채권을 가지는 경우, 그 채권을 변제받을 때까지 그 목적물을 유치할 수 있는 권리를 말한다. 부동산의 경우, 건설업자 등이 공사비를 받지 못한 경우에 그 건물을 점유하면서 유치권 행사를 하여 그 대금을 계속 요구할 수가 있다.
그렇지만 이를 악용하여 건물주나 임차인 등이 계속 유찰을 시킬 목적 등으로 허위 유치권을 행사하는 경우가 많다. 허위 유치권은 경매 진행을 방해한다. 유찰이 더 되는 만큼 채권자들의 채권 회수도 어려워지고, 낙찰자의 경우에는 잔금 납부를 위한 경락잔금대출에 제한이 따른다.

소 재 지	충북			도로명주소

용 도	상가	감 정 가	184,000,000
토지 면적	127㎡ (38평)	최 저 가	117,760,000 (64%)
건물 면적	146㎡ (44평)	보 증 금	11,776,000 (10%)
경매 구분	임의경매	소 유 자	이 **
청 구 액	626,461,241	채 무 자	이 **
채 권 자	창신신용협동조합		
주의 사항	·유치권·입찰외 특수件분석신청		

■ 진행과정

구분	일자	접수일~
경매개시일	2011. **.**	2일
감정평가일	2011. **.**	6일
배당종기일	2012. **.**	93일
최초경매일	2012. **.**	156일
최종낙찰일	2012. **.**	226일
매각허가일	2012. **.**	233일
납부기한	2012. **.**	260일
경매종결일	2012. **.**	318일

■ 매각과정

회차	매각기일	최저가	비율	상태	접수일~
①	2012. **.** (10:00)	184,000,000	100%	유찰	156일
②	2012. **.** (10:00) ↓20%	147,200,000	80%	유찰	191일
③	2012. **.** (10:00) ↓20%	117,760,000	64%	낙찰	226일
	2012. **.**	낙찰자 안영태 / 응찰 1명 낙찰금액 125,019,000 (67.95%)		납부완료	
	2012. **.**			종결	318일

접수일자	권리종류	권리자	채권금액 예상배당액	말소	비고
2008-11-27	저당권	창신신협	780,000,000 123,932,005	말소	말소기준권리
2010-06-16	저당권	이**	60,000,000	말소	
2010-10-14	가압류	*****	600,000,000	말소	
2011-07-28	소유권	현각불교조계종현각사			
2011-10-20	임의	창신신협		말소	경매기입등기

등기부채권총액 : 1,440,000,000

■ 임차인현황

임차인/대항력		점유현황	전입/확정/배당	보증금/월세	예상배당액 예상인수액	인수
박**	無	[점포] 점포1칸	사업 2010-09-17 확정 2011-08-12 배당 2011-12-09	보 10,000,000 월 200,000 환산 30,000,000	-	소멸
(주)****	無	[점포] 점포1칸	사업 2009-02-12 확정 2011-08-19 배당 2012-01-18	보 10,000,000 월 200,000 환산 30,000,000	-	소멸
이**	無	[점포] 점포1칸	사업 2010-07-06	보 43,000,000 월 170,000 환산 60,000,000	-	소멸

임차인수: 3명 / 보증금합계 : 63,000,000 / 월세합계 : 570,000
(주)**** 대표 최** :임차인 (주)**** 의 보증금 1000만원 중 500만원은 2011.1.30. 증액되었음.

■ 참고사항

· 옥상에 매각에서 제외되는 제시외건물 있음(조립식휴게시설). 임** 로부터 유치권 신고 있음(490,000,000원). 채권자 창신신협으로부터 유치권배제신청 있음. 이** 로부터 시설비 및 유익비 27,000,000원에 대하여 유치권신고 있음.

은 내게 잠깐 이야기 좀 하자고 했다. 한 사람은 임차인이었고,
또 다른 한 사람은 유치권자 A, 나머지 한 사람은 A의 친구였다.
유치권자 A는 나를 보고 한마디 했다.

"아니 왜 유치권이 신고된 상가를 낙찰받아요? 제정신이에요?"

"제정신이니까 정신 똑바로 차리고 낙찰받았죠. 한두 푼짜리도 아닌데…."

그렇게 몇 마디를 나누고 있었는데 유치권자 A가 갑자기 1,000만 원을 줄 테니 자신에게 물건을 넘기라고 했다. 그러면서 옆에 있던 임차인 이야기를 꺼냈다. 다른 사람이 물건을 낙찰받을까봐 너무 걱정돼 법원에 따라온 거라고 했다. 그러니 물건을 자기에게 넘겨달라고 간곡히 부탁했다. 나중에 알게 된 사실이지만 임차인은 유치권자이자 실질적인 건물주인 A가 입찰을 하는지 안 하는지 감시하러 왔다고 했다.

참고로 A는 건물의 명의만 동생 이름으로 했을 뿐 실질적인 건물주였다. 그리고 임차인들과의 계약도 동생 이름으로 A 본인이 직접 했다고 한다. 그래서 임차인들은 건물에 관한 모든 것을 A에게 이야기하고 있었다.

바로 결정할 수 있는 문제가 아니어서 우선 생각해보겠다고 하고 부산으로 내려왔다. 1,000만 원을 생각하면 부산에서 청주까지 왕복한 보람이 있었지만 물건을 보면 1,000만 원에 바로 넘기기엔 아까웠다.

이해관계인이 매수 의사를 밝혔을 때는 크게 기대를 하지 않는 것이 좋다. 왜냐하면 그들은 이미 낙찰가를 알고 있기 때문에 푼돈을 주고 물건을 매수하려고 하기 때문이다.

당시에는 유치권자이자 실질적인 건물주인 A가 건물이 경매로 넘어가자 임차인들에게 보증금을 줄 돈이 없다고 말했다고 한다. 그래서 진짜 돈이 없는지 확인해보기 위해 A에게 전화를 걸었다.

"사장님이 제안하신 대로 이 물건을 넘겨드리려면 제가 집을 팔든지 아니면 은행의 대출을 받아서 잔금 및 등기 비용을 내야 합니다. 근데 사장님한테 단돈 1,000만 원을 받고 바로 넘기면 남는 게 없습니다."

"그러면 집도 팔지 말고, 대출도 받지 마세요. 제가 알아서 잔금 및 등기 비용을 다 낼 테니까요. 그리고 제가 1,000만 원을 주면(보증금 별도) 본인도 이득을 보잖아요."

(녹음 중⋯)

통화를 하면서 A에게 돈이 있다는 것을 확인했고, 임차인들에게 이 사실을 알려주었다.

내가 이 물건에 투자한 이유는 다음과 같다. 우선 이 상가의 장점으로는 ① 상가 바로 앞에 중소형 평수로 이루어진 942세대의 대단지 아파트 단지와 인근에 LH임대아파트가 있었고 ② 주변의 초·중·고등학교가 도보 3분 거리이며, 지역사회 대부분이 배달 가능 범위였다. ③ 지역사회가 작아 상가의 업종이 자주 바뀌지 않고, 공실이 없었으며 ④ 상가 한 호수가 네 개로 분할되어 있어 위험은 적고 수익 증가가 가능했고 ⑤ 상가 위층이 학원과 독서실이고, 주변에 태권도 학원 등이 있어 학생들이 많았다. ⑥ 건물은 신축한 지 4년밖에 되지 않았고, 건물 관리 상태가 매우 양호했으며 ⑦ 공용관리비가 없어 낙찰시 추가적인 미납 관리비 부담이 없었다. ⑧ 이미 2회차 때 이 건물의 2층 임차인들이 상가를 낙찰받았다. 임차인이 낙찰받는 것은 좋은 징조다.

물론 단점도 있다. ① 건물이 이면도로에 위치해 유동 인구가 대로변보다는 적고 ② 유치권자가 두 명이나 있어서 이를 해결해야 했다. ③ 지방에 위치하고 있어 관리가 어려웠으며 ④ 지역사회라 월세를 많이 올리지 못했다. ⑤ 관리비를 받지 않고 있어 향후 건물 관리가 문제가 될 수도 있었고 ⑥ 또 건물이 아파트 후문에 위치해 입점 업종이 제한적이었다.

얼마 뒤 매각허가결정을 받고 잔금 납부를 하기 위해서 대출을 알아봤다. 유치권이 신고된 상태라서 대출이 대부분 안 된다고 했다. 하지만 허위 유치권을 밝혀낼 수 있는 자료가 있었기 때문에 제1금융권은 아니지만 단위 농협에서 낙찰가의 80%를 대출해준다고 했다. 그러나 소득이 없으면 낙찰가의 50% 정도밖에 안 된다고 했다. 대출 이율은 3년 고정에 7.5%, 중도상환수수료는 3%였다. 거기다 등기 비용만 130만 원이었다. 원래 등기 비용은 대략 30~50만 원이면 충분한데, 유치권이 있다는 이유로 두 배가 넘는 금액을 요구한 것이다.

과도한 요구였고, 갑의 횡포였다. 어차피 유치권자들에게 인도명령 결정문만 떨어지면 제1금융권으로 대출을 갈아타려고 생각했기 때문에 3%씩이나 되는 중도상환수수료를 낼 수는 없었다. 더군다나 130만 원이나 되는 법무사 비용을 납부할 수는 없었다.

결국 대출 없이 잔금을 납부했다. 공매인 경우에는 대출 없이 잔금을 납부한 적이 있었지만, 경매에서 대출 없이 잔금을 납부한 것은 이번이 처음이었다. 덕분에 하나부터 열까지 직접 처리해야만 했다.

직접 해당 군청에 가서 취득세도 납부하고, 국민주택채권도 사보고, 등기에 필요한 서류들을 꾸며서 해당 등기과에 가서 등기를 신청했다. 공매의 경우에는 등기에 필요한 서류들을 첨부해서 한국자산관리공사에 우편으로 보내면 그곳에서 알아서 등기를 해주지만 경매의 경우 법무사를 거치지 않는 이상 직접 등기를 해야 한다.

잔금 납부 후, 기존 임차인 세 명 중에 음식점을 하는 두 명의 임차인과 재계약을 했고, 나머지 임차인은 사업 확장을 이유로 더 큰 사무실로 옮겨갔다. 이사비도 안 받고 말이다.

재계약 때문에 물건지에 찾아갔는데 전에는 없었던 '유치권 행사 중'이라는 현수막이 걸려 있었다. 내가 1,000만 원의 제안을 거절하자 바로 현수막을 붙인 것이다. 헛웃음이 났지만 증거

자료로 쓰기 위해 바로 사진을 찍었다.

그 이후에 유치권자들에 대해서 인도명령을 신청했다. 유치권을 깰 때는 한 가지 이유보단 유치권을 부정하는 증거를 여러 개 첨부해서 소장을 작성하는 것이 좋다.

당시에 유치권이 인정이 안 되는 이유는 ① 점유를 하지 않았고 ② 법원에서 현장을 조사할 때 유치권이라는 표시를 한 적이 전혀 없었으며 ③ 유치권 신고서를 살펴보면 단순히 도급계약서 한 장만 첨부했을 뿐, 실제로 공사를 했다는 최소한의 증빙 자료인 공사비 지출내역서, 거래명세서 및 세금계산서, 세무서에 부가가치세를 신고하면서 제출했을 매출처별 세금계산서 합계표 등 증빙 자료가 전무했고 ④ 공사를 하지 않았다는 임차인의 진술이 있었으며(차후 알게 된 것은 공사를 실제로 하긴 했으나 불법 증축 공사였다) ⑤ 전 소유자와 유치권자는 가족인 점 등이었다.

그 결과 심문 기일도 잡히지 않고 인도명령이 인용되었다. 중간에 유치권자가 변호사까지 선임했지만 증거가 워낙 확실했기 때문에 승소할 수가 있었다. 참고로 옆 호수 낙찰자도 인도명령을 신청했지만 심문 기일이 잡혔다.

유치권자에 대한 인도명령 결정문이 떨어진 후, 제1금융권에서 낙찰가의 61%를 대출받았다. 그런데 대출을 하려는 당일 대출 금액이 600만 원이나 줄어 당황스러웠다. 은행 직원도 미안했는지 이자율을 조금 더 내려주었다.

왼쪽부터 네 개의 상가를 낙찰받았다.

유치권자가 붙인 현수막. 이후에 음악교습소가 들어왔다.

그런데 6개월 뒤 금리가 갑자기 오른 게 아닌가. 분명 고정금리로 대출을 받았는데 말이다. 이자가 오른 이유를 알아보니 우대금리를 적용받았기 때문이라고 한다. 대출을 받을 때 금리가 저렴하다면 혹시 우대금리를 적용받은 건 아닌지 반드시 확인해야 한다.

그 이후, 강제집행 계고를 하면서 유치권자와 마지막 통화를 했는데 유치권자도 더 이상 우기지 않았다. 결국 50만 원에 더 이상 유치권을 주장하지 않겠다는 내용의 합의를 보았고, 그 50만 원은 배당 한 푼도 못 받은 임차인에게 주라고 했다. 임차인 1, 2, 3이 있었는데 1과 2는 보증금이 각각 1,000만 원이었고, 3의 보증금은 4,300만 원이었다. 임차인 1과 2는 750만 원씩 배당을 받았지만 임차인 3은 한 푼도 받지 못했다.

투자 내역은 다음과 같다.

낙찰가 : 1억 2,500만 원

등기비 : 580만 원(법무사비 및 인지세 등)

기타비 : 440만 원(이사비, 광고비, 방음 공사, 철거비 등)

대출 : 7,600만 원(연이율 5.3%, 월 이자 34만 원)

초기 자본 : 5,920만 원

임대차 계약 체결 후에는 다음과 같다.

유치권자의 짐이 쌓여 있다.

유치권자가 짐을 뺀 후, 방음 시설을 설치하고 우드타일을 깔았다.

보증금 : 2,000만 원

월세 : 150만 원

실투자금 : 3,920만 원

순 월세 : 116만 원(대출이자를 제하고 남은 금액)

수익률 : 116만원×12개월/3,920만 원=35.5%

대출이 없는 경우 수익률 : 150만 원×12개월/1억1,520만 원=15.6%

후일담을 이야기하자면, 이 상가 끝부분의 일부가 불법으로 증축되어 있었다. 건축사 사무소에 네 개의 상가를 각각 건축물 용도 표시 변경을 신청하면서 이 사실을 알게 되었다. 건축물대장상에도 나와 있지 않았는데, 측량을 하던 건축사가 10평 정도 불법 증축이 되었다는 사실을 알려줬다.

전 소유자가 주차장 부지 일부를 불법으로 증축했던 것이다. 이 사실을 그곳에 영업 중인 임차인도 알게 되었고, 원만하게 합의를 보고 임차인이 나가게 되었다. 불법 증축한 부분은 바로 철거했다.

이 상가의 호수는 102호인데, 위층인 202호와는 외관상으로는 면적이 같았지만, 건축물대장상으로는 상이했다. 이때 눈치를 챘어야 했다.

이후 분양받은 아파트의 잔금 날짜가 다가와 급히 이 물건을 주변 부동산에 내놓았지만, 한 달이 지나도록 문의 전화 한 통도 오지 않았다.

부동산에 내놓는 것 말고 내 상가를 알릴 방법으로 뭐가 있을까 고민하다가 '청주에 신문 광고를 내자'라는 생각이 들었다. 바로 신문 광고 한 달 치를 결제했고, 다음 날부터 수십 통의 전화가 걸려왔다. 며칠 후 적당한 매수인이 나타나 계약을 하기로 했다. 계약서를 작성하러 가는 도중에도 돈을 더 주겠다며 매수 의사를 밝힌 사람의 전화를 받기도 했다. 돈 몇 푼 더 받자고 신

맨 오른쪽 철거된 부분은 새로 들어온 음식점의 서비스 면적이 되었다. 사진은 매매 후에 찍은 것이다.

뢰를 저버릴 수 없어 정중하게 거절했다. 결국 이 물건은 정확히 1년을 보유하고 나서 괜찮은 값에 매도할 수 있었다.

나만의 상권 분석
노하우

상가 투자를 여러 번 했지만 아직도 어려운 것이 상가 투자다. 상가는 개별성이 강한 부동산이기 때문이다. 해당 지역마다 상권이 다르므로 상권을 분석할 때는 항상 신중해야 한다.

상권 분석을 할 때는 첫째, 상가 주변에 대단지 아파트가 있는지 확인해야 한다. 주변의 아파트는 중소형 평수가 많으면 좋다. 평수가 작을수록 주변 상가에서의 소비가 크기 때문이다. 반면 대형 평수로 이루어진 아파트의 주민은 주변 상가보다는 도심에 나가 소비를 하는 경우가 많아 상가의 상권이 활성화되지 않는다.

주변에 대형 평수의 대단지 아파트가 있는데 3년간 거의 임대가 나가지 않고 있다.
1층도 비어 있는데 2, 3층은 오죽할까? 이곳은 얼마 전에 경매로 나왔다.

한 예로 제주시의 대단지 아파트 두 곳이 거의 동시에 지어졌
는데, 한 곳은 중소형 평수로 이루어진 대단지 아파트였고, 다른
한 곳은 대형 평수로만 이루어진 대단지 아파트였다.

상가 분양은 두 곳 다 잘 되었으나, 향후 엇갈린 운명을 맞게
된다. 중소형 평수의 아파트 주변 상가는 장사가 매우 잘돼 권리
금까지 많이 붙었다. 그러나 반대로 대형 평수의 아파트 주변 상
가는 파리만 날릴 뿐이었다. 그중 한 상가를 자주 이용했는데,

상가의 주인은 자신이 사는 아파트로 담보대출을 받아 무리하게 상가를 분양받은 것이라고 했다. 그러나 옆 단지에 비해 장사가 너무 안 된다고 걱정하더니 얼마 뒤 폐업을 했다. 그 단지 내에 있는 다른 상가들이 경매에 나오기도 했다.

대단지 아파트가 주변에 있다고 해서 무조건 상권이 좋은 것은 아니다. 반드시 소비 패턴을 고려해야 하는데 내 경험상 중소형 평수의 아파트나 국민임대아파트 주변의 상가가 상권이 좋은 편이었다.

상가 분양 가격은 대체로 시세에 비해서 높은 편이다. 그래서 처음에는 임대료가 높을 수 있지만 시간이 지나면 주변 시세와 비슷해지기 때문에 자연스럽게 낮아진다. 상가의 매매가는 임대료를 기준으로 삼기 때문에 결국엔 분양가보다 낮아지게 된다. 즉, 상가에 투자할 때는 상가 분양가보다 현재 임대료 시세를 통해 매매 시세를 따져봐야 한다.

둘째, 주변에 대단지 아파트가 있더라도 자동차가 빨리 달리는 길목은 피해야 한다. 상가 앞 도로에 차들이 신호 대기가 없이 빨리 달리는 곳이라면 광고 효과가 없을뿐더러 유동 인구도 적다. 이러한 곳은 주변의 대단지 아파트가 있어도 투자금 대비 수익률이 생각보다 낮을 수가 있기 때문에 조심해야 한다. 또한 상가와 대단지 아파트 사이에 완충녹지가 있으면 상가와 아파트를 갈라놓기 때문에 이 점도 충분히 고려해야 한다.

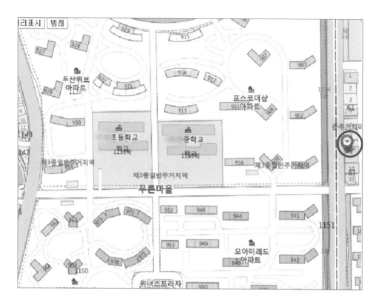

원으로 표시된 곳 주변에 대단지 아파트가 있음에도 불구하고 상권이 활성화되지 않는 이유 중 하나는 바로 앞에 완충녹지가 있기 때문이다. 지도에서는 색으로 길게 표시된 곳이다.

길 옆에 있는 완충녹지가 아파트와 상가를 가로막고 있다.

셋째, 인근 상가의 임대료 및 공실 현황을 자세히 파악해야 한다. 경매에 나온 상가 인근에 공실이 얼마나 되는지, 주변 상가의 평당 임대료가 어떻게 되는지, 개발 호재가 있는지 등을 꼼꼼히 파악해야 하는데, 대개 이런 사항을 무시하거나 소홀히 하는 경우가 있다.

예를 들면, 경매 정보지에 나와 있는 임차인이 주변 시세에 비해 비싸게 임대 계약을 한 경우도 있는데 주변 시세도 알아보지 않은 채 낙찰가를 높게 쓰는 우를 범하는 것이다. 이러한 물건들은 재계약될 확률도 낮을뿐더러, 그 조건으로 부동산에 임대를 내놓으면 부동산 사장님께 볼멘소리를 들을 수가 있다. 주변 시세는 고정되어 있는 것이 아니기 때문에 꼼꼼하게 조사해야 한다.

주변에 공실이 있다면 직접 방문해서 왜 계속 공실이 나는지를 조사해봐야 한다. 낙찰받으려는 상가와 비교도 해봐야 한다. 또한 주변에 아직 개발이 안 된 나대지가 있다면 이 점 또한 반드시 참고해야 한다. 이 땅들은 언제든지 개발이 가능한 땅이기 때문이다. 즉, 공급이 늘어난다는 얘기다. 건물이 올라가는 건 한순간이다. 주변에 나대지가 많다면 상권이 안정되기에는 더 많은 시간이 걸린다고 봐야 한다.

넷째, 중소기업청 상권정보시스템(sg.smba.go.kr)을 적극 이용한다. 인터넷에서 중소기업청 상권정보시스템을 검색하면 해당 사이트로 접속할 수가 있다. 이 사이트에는 해당 지역의 인구 업종 등이 자세히 나와 있어 상권 분석을 하는 데 도움이 된다.

다섯째, 주차 시설 및 유동 인구를 파악한다. 상권 분석을 할 때 차를 이용해 해당 목적지에 가는 경우가 있는데 매번 느끼는 것이 생각보다 주차할 곳이 마땅치가 않다는 것이다. 이러한 곳들은 임차인의 입장에서는 굉장히 메리트가 떨어지는 조건이기 때문에 반드시 주차 시설도 체크해야 한다.

주차 시설이 넉넉하다면 임차인이 영업을 하거나 고객들이 해당 상가를 이용하기 편리해진다. 만약 해당 상가의 주차 시설이 부족하다면 주변에 공영주차장이라도 있는지 확인해야 한다.

그리고 사람들의 이동 동선도 반드시 확인해야 한다. 내 상가 앞으로 많은 사람들이 다니게 되면 그만큼 공실 위험도 줄어들고 수익률도 좋아지게 된다.

여섯째, 상권이 더 좋아질 곳을 찾아야 한다. 상가는 무엇보다 입지가 제일 중요한 건 다 아는 사실이다. 하지만 입지가 좋은 곳은 비싸다. 아무리 경매라지만 적은 돈으로 낙찰받기 힘든 곳이 많다. 또한 입지가 아무리 좋아도 비싸면 수익률이 떨어진다. 생각해보면 좋은 입지에 있는 상가 주인들은 입지가 좋아지기 전에 미리 사서 기다린 사람들일 것이다.

나 또한 이러한 것을 경험으로 잘 알기 때문에 지금 당장은 상권이 제대로 갖춰지지 않았지만 점점 좋아질 곳, 자리가 잡혀가

상권이 자리를 잡은 곳이다. 위의 사진이 3년 전인데 바뀐 가게들이 거의 없다.

는 곳을 찾고자 노력한다. 그런 곳은 인내심을 갖고 몇 년을 가지고 있다 보면 분명히 효자 노릇을 할 것이다.

일곱째, 나만의 기준이 필요하다. 투자자마다 투자 기준은 다르게 마련이다. 상가의 경우 안정성 때문에 비싸 수익률이 낮은 1층 상가만 고집하는 사람이 있는가 하면, 안전성은 조금 떨어지지만 저렴하고 수익률도 좋은 2층 이상의 상가를 원하는 사람도 있다.

또한 자신의 투자 상한선을 정해놔야 한다. 자기가 가진 투자금을 넘는 물건을 낙찰받아 대출을 최대한 많이 받아서 임대를 내놓겠다는 것은 무서운 생각이다. 임차인 입장에서 생각해보면 등기부등본에 부채 금액이 많은 상가에 들어오고 싶겠는가? 한 번 들어오면 많은 돈을 시설비로 투자해야 하는데 말이다.

여덟째, 로드뷰를 이용한 주변의 상권 변화를 확인한다. 네이버, 다음 같은 포털사이트의 지도 서비스 중에 로드뷰라는 것이 있는데, 몇 년 전에 촬영한 것으로 예전 모습을 볼 수가 있다. 로드뷰를 이용해 내가 투자하려는 상가의 과거와 현재를 비교하는 것도 좋은 방법이다. 주변 가게들은 얼마나 바뀌었는지 알 수 있기 때문이다. 아무래도 가게가 자주 바뀌는 곳보다 꾸준히 영업하고 있는 가게가 많은 곳이 좋을 것이다.

아홉째, 공실을 최대한 줄인다. 주택과 달리 상가는 임차인이 영업하고 있는 곳이 더 비싸게 낙찰되곤 한다. 왜냐하면 재계약을 할 수도 있고 미납 관리비에 대한 부담도 적고 시설도 어느 정도 해놓았기 때문이다. 즉 보기가 좋은 것이다.

더 저렴하게 상가를 낙찰받기 위해선 공실인 상가를 공략해야 되는데, 공실의 경우에는 임대인, 즉 낙찰자도 적극적으로 움직여야 한다. 어떤 임대인들은 부동산에 의뢰한 후 기다리기만 하는데 절대 그래서는 안 된다. 현수막도 크게 걸어놓고, 지역신문에도 광고를 내야 한다. 임차인을 직접 유치해야 할 때도 있다. 새 임차 업종으로 학원을 받고 싶다면 인터넷 학원카페나 그 지역의 유명한 카페에 홍보를 해야 한다.

이러한 것 외에도 앞서 나온 천안 상가 사례처럼 주변 공실과는 다르게 경쟁력을 갖춰야 한다. 바닥, 천장 인테리어는 기본으로 해놓아야 임대가 빨리 되는 것은 당연한 일이다.

상가는 한 번 공실이 생기면 몇 달 동안 임대가 안 나가는 경우가 많다. 공실 기간이 길면 매달 부담해야 하는 관리비와 대출이자는 점점 늘어난다. 때문에 지금 당장은 돈이 들더라도 공실의 기간을 줄이기 위해 어느 정도는 꾸며놓으라는 얘기다. 인테리어를 한 곳과 안 한 곳은 임대료에서도 차이가 나지만 무엇보다 공실 기간의 차이가 크다.

열째, 화장실은 무조건 깨끗해야 한다. 내가 가장 신경 쓰는 것 중에 하나가 바로 화장실이다. 주택이든 상가든 마찬가지다. 화장실은 사람들이 잠시 휴식을 취하는 공간이고, 항상 청결해야 하는 곳이다. 상가의 경우에는 화장실을 남녀 공용으로 쓰거나 남녀 화장실이 따로 되어 있지만 굉장히 지저분해서 불쾌감이 든다면 임차인 입장에서는 메리트가 떨어질 수밖에 없다.

내가 아는 지인은 상가 낙찰을 받고 나서 다른 호수의 상가 주인들과 돈을 모아 지저분한 화장실을 깨끗하게 수리한다고 한다. 생각보다 돈도 그리 많이 들지 않는다. 이렇게 임대인은 임차인을 맞이하기 위해 적극적이어야 한다.

그 밖에도 상가 비율을 확인해야 하는데, 상가 비율이 높은 지역은 임대료가 낮고 공실이 많아서 각별히 주의를 해야 한다. 하지만 상가 비율이 높더라도 안정된 상권은 있다. 공실이 생기지 않고, 상가가 비워지면 바로바로 새 임차인이 생기는 곳도 있다.

경매로 장점만 있는 물건을 만나면 좋겠지만 현실은 다르다. 왜냐하면 좋은 상가보다는 보통 문제가 있는 상가들이 경매로 나오기 때문이다.

따라서 위의 사항에 몇 가지만 해당되더라도 저렴하게 낙찰받아서 어느 정도 수익률을 올릴 수 있다고 판단되면 입찰을 고려할 수가 있다.

누구에게나 좋아 보이는 상가는 경매에 나오지도 않지만 경매로 나와도 경쟁률이 높아 돈이 많지 않은 소액투자자에게는 그림의 떡일 것이다. 하자나 흠이 있더라도 그것을 보완할 확신과 자신이 있으면 그런 물건에 투자해서 좋은 수익을 얻을 수가 있다.

상가임대차보호법의 적용 범위

상가건물임대차보호법 적용대상 및 우선변제권의 범위

담보물권 설정일	지역	환산보증금 적용 보증금+(월세×100)	보증금의 (이하)	최우선변제액
2002.11.01~ 2008.08.20	서울특별시	2억 4,000만 원 이하	4,500만 원	1,350만 원
	과밀억제권역 (서울특별시 제외)	1억 9,000만 원 이하	3,900만 원	1,170만 원
	광역시 (군 지역 및 인천광역시 제외)	1억 5,000만 원 이하	3,000만 원	900만 원
	기타 지역	1억 4,000만 원 이하	2,500만 원	750만 원
2002.08.21~ 2010.07.25	서울특별시	2억 6,000만 원 이하	4,500만 원	1,350만 원
	과밀억제권역 (서울특별시 제외)	2억 1,000만 원 이하	3,900만 원	1,170만 원
	광역시 (군 지역 및 인천광역시 제외)	1억 6,000만 원 이하	3,000만 원	900만 원
	기타 지역	1억 5,000만 원 이하	2,500만 원	750만 원
2010.07.26~ 2013.12.31	서울특별시	3억 원 이하	4,500만 원	1,350만 원
	과밀억제권역 (서울특별시 제외)	2억 5,000만 원 이하	3,900만 원	1,170만 원
	광역시 (수도권 정비계획법에 따른 과밀억제권역에 포함된 지역과 군 지역은 제외) 안산시, 용인시, 김포시, 광주시	1억 8,000만 원 이하	3,000만 원	900만 원
	기타 지역	1억 5,000만 원 이하	2,500만 원	750만 원
2014.01.01~ 현재	서울특별시	4억 원 이하	6,500만 원	2,200만 원
	과밀억제권역 (서울특별시 제외)	3억 원 이하	5,500만 원	1,900만 원

담보물권 설정일	지역	환산보증금 적용 보증금+(월세×100)	보증금의 (이하)	최우선변제액
2014.01.01~ 현재	광역시 (수도권 정비계획법에 따른 과밀억제권역에 포함된 지역과 군 지역은 제외) 안산시, 용인시, 김포시, 광주시	2억 4,000만 원 이하	3,800만 원	1,300만 원
	기타 지역	1억 8,000만 원 이하	3,000만 원	1,000만 원

＊상가 임차인이 상가건물임대차보호법 적용 대상이 되기 위해선 환산보증금액 기준이 위의 표에 나온 금액에 충족해야 한다. 환산보증금이 기준을 초과한다면 해당 법의 적용을 받지 못한다. 환산보증금이란 보증금+(월세×100)을 해서 나온 금액을 말한다.

예전에는 낙찰가액(배당할 금액)의 3분의 1에 한해서 최우선변제금액을 배당해줬는데, 2014년부터 2분의 1로 바뀌었다.

4장

큰돈 없이도
할 수 있는
토지 투자

작은 땅이라도
우습게 보지 마라

직장을 다니면서 종잣돈을 모으던 시절, 해당 법원까지 가서 입찰하는 경매와 달리 인터넷으로 입찰할 수 있는 공매에 많은 관심을 가지고 물건 검색을 했다.

하루는 물건 검색을 하던 중에 이상한 물건을 발견하게 됐다. 유찰만 일곱 번이나 되었고, 2필지가 한꺼번에 나왔는데, 면적이 39㎡(11.8평), 27㎡(8.1평)로 2필지를 다 합쳐도 66㎡(20평)밖에 안 되는 보잘것없는 땅이었다.

조회수는 높았지만 결국 내가 단독으로 낙찰받았다. 내가 관심을 가진 것은 2필지 모두 그림에서 보이는 것처럼 주유소에 붙어 있는 땅이지만 감정평가서에서는 토지 일부가 진입 도로 중간까지 튀어나와 있었다. 낙찰을 받고 측량을 했는데 역시 한 필지가 진입로 중간까지 튀어나와 있었다. 측량을 할 때도 한 필지당 30만 원이 넘게 들어 한 필지만 측량했다.

입찰 전, 차를 몰고 40분을 달려 해당 토지에 도착해서 물건을 조사하고 있던 중 해당 토지의 진입로 뒤쪽에 규모가 꽤 큰 과수원(농장)이 보였다. 친절하게도 전화번호를 써놔서 바로 전화를 걸었다.

"여보세요? 거기 ○○농장 주인이시죠?"

"네, 그런데 누구시죠?"

"다름이 아니라, 진입로 주인 되는 사람입니다. 한 번 만나 뵙고 이야기 좀 나누고 싶은데요."

"아, 잠시만 기다리세요. 곧 가겠습니다."

몇 분 후 그분과 이야기를 나누었다.

"여기 진입로가 본인 땅인가요? 제 땅이 이 진입로 부분에 포함되었습니다. 자세한 건 곧 측량을 할 겁니다."

"제가 여기 옆에 이 땅을 사면서 진입로를 만들었습니다. 사실 제대로 측량도 안 하고 사용하고 있었습니다."

"제가 만약 진입로에 포함되어 있는 제 땅까지 돌담을 쌓아서 경계선을 만들면 사장님은 차를 타고 이 진입로를 지나갈 수 없을 것입니다."

낙찰받은 토지 중 일부분이 진입로에 포함되어 있다.

뒤쪽에 보이는 과수원 주인이 이 진입로를 통해 화물차를 끌고 다녔다.

농장 주인은 진입로 뒤로 크게 키위 농장을 운영하고 있었는데 반드시 차량이 출입해야만 했다.

"아, 그러네요. 어떡해야 할지…. 사정 좀 봐주세요."

"제가 가진 이 땅이 총 2필지로 20평이 되는데, 평당 25만 원에 500만 원에 팔겠습니다."

"너무 비쌉니다. 농사 짓는 사람이 그렇게 큰돈이 어딨겠어요."

"그럼 얼마 정도에 사시겠습니까?"

"400만 원이면 바로 계약하겠습니다."

"그 가격엔 저도 팔 수가 없습니다. 사장님이 저희 아버지 같은 분이라서 저도 좀 양보하겠습니다. 450만 원에 팔겠습니다."

"그러면 마누라와 상의하고 전화드리겠습니다."

첫 날의 대화는 이렇게 끝났다.

그리고 집에 와서 바로 입찰을 했다. 당당하게 최저가에서 5,000원을 더 썼다. 당연히 단독 낙찰이었고 등기 비용, 측량까지 다 합쳐서 200만 원 조금 넘는 돈이 들었다.

그 후로 몇 차례나 농장 주인과 협상을 했는데, 결국 400만 원에 팔기로 했다.

불과 두 달 만에 두 배의 수익을 얻은 것이다. 비록 큰돈은 아니지만 200만 원을 모으려면 최소한 몇 달은 걸린다.

이 경험으로 자신감이 붙었고, 작은 땅이라도 절대 우습게 보면 안 된다는 교훈도 얻었다.

당시 직장 생활을 하고 있어서 임장할 때와 매도할 때 딱 두 번 현장에 갔고, 대부분은 전화 통화로 일처리를 했다. 측량할 때도 매수인에게 대신 가달라고 부탁했다. 직장인이라면 매번

물건명	제주 서귀포시 성산읍		
입찰자수	유효 1 명 / 무효 0 명 (인터넷)		
입찰금액	1,847,000원		
개찰결과	낙찰 (매각결정(낙찰자))	낙찰금액	1,847,000원
물건누적상태	유찰 7 회 / 취소 7 회 [입찰이력보기]		
감정가격 (최초 최저입찰가)	4,092,000원	낙찰가율 (감정가격 대비)	45.1%
최저입찰가	1,842,000원	낙찰가율 (최저입찰가 대비)	100.3%

해당 법원에 찾아가서 입찰하는 경매보다는 인터넷으로 입찰하는 공매에 관심을 가지는 것도 좋은 방법이다.

낙찰을 받은 후 400만 원에 팔기 위해 매수인의 집으로 찾아갔는데, 내 두 눈을 의심할 수밖에 없었다. 왜냐하면 그 동네에서 가장 좋은 집에 살고 있었기 때문이다.

집을 짓는 데 5억 원을 들였다고 한다. 나는 잔금을 받은 뒤 한마디 건넸다.

"5억 원은 있으시고 500만 원은 없으신가 봐요?"

그러자 매수인은 얼마 전 그 집을 짓느라 돈을 많이 써서 자금 사정이 좋지 않다고 했다. 씁쓸한 미소를 지으며 그렇게 잔금과 매매서류를 주고받고 헤어졌다.

누가 맹지를
쓸모없는 땅이라고 했는가

제주도에는 JDC라는 제주국제자유도시개발센터가 있다. 국토교통부의 산하기관으로서 제주도 개발을 주도하는 공기업이다. JDC 관계자들과 안면을 트기 위해서 JDC가 주최하는 교육아카데미에 신청을 한 적이 있었다. 교육 마지막 주에 200명이 넘는 사람들 앞에서 PT 발표를 해서 JDC 이사장님에게 최우수상을 받은 적도 있었다. 그 덕에 몇몇 관계자들과 알게 되었고, 그 이후에 같이 일하기도 했다.

JDC에서는 핵심 프로젝트 여섯 곳을 대규모로 개발하고 있었다. 당시 핵심 6대 프로젝트에는 영어교육도시를 비롯하여, 첨

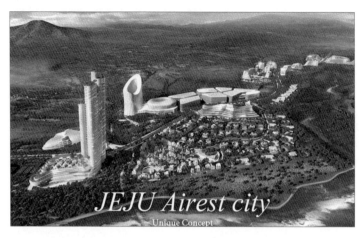

에어레스트시티 조감도①

단과학기술단지, 신화역사공원, 헬스케어타운, 예래휴양형주거단지, 서귀포관광미항이 포함되어 있었다.

JDC가 개발하는 곳을 관심 있게 보던 어느 날, 공매로 나온 한 땅을 보게 됐다. 중문관광단지 옆, 대규모 휴양 시설인 예래휴양형주거단지(현 에어레스트시티)가 22만 평 규모로 공사를 하고 있었는데, 그 근처에 땅이 나온 것이다.

예전에도 그 지역에 땅을 알아보기 위해 열심히 돌아다닌 적이 있었다. 하지만 내가 가진 돈으로는 투자할 땅도 거의 없었을 뿐 아니라 무엇보다도 비쌌다.

일반 매매로 비싸게 살 수도 있었지만 내 투자 원칙에서 벗어나는 것이기 때문에 무리해서 살 수는 없었다. 그래서 공매로 나

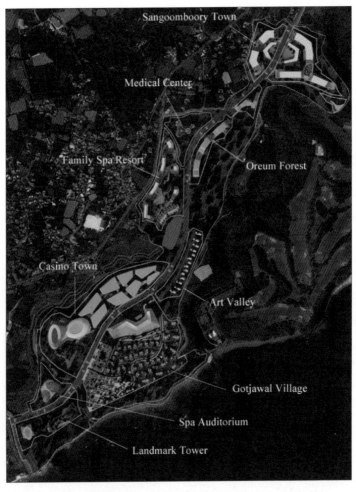

에어레스트시티 조감도②

온 이 땅의 위치를 보고 흥분하지 않을 수 없었다. 현장에 가기 전에 인터넷으로 최대한 정보를 수집했고, 지적도를 통해 맹지

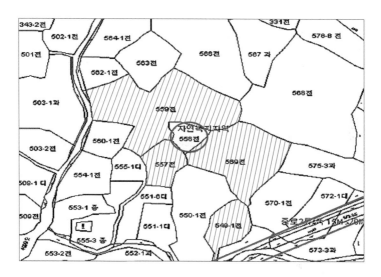

낙찰받은 토지 주변의 땅 모양

라는 사실을 알게 되었다. 맹지는 도로에 붙어 있지 않은 땅을 말한다.

'역시 맹지니깐 이렇게 싸게 나왔지'라고 혼자 중얼거렸지만 위치가 좋아 포기할 수는 없었다.

땅의 지적도를 보면 맹지임을 확인할 수가 있는데, 공매에 나온 땅의 위쪽 땅인 559번지를 보면 땅의 모양새가 참 이상하게 생겼다. 이런 땅은 비효율적이라 매매하기도 힘들뿐더러 제값을 받을 수도 없다. 따라서 559번지의 주인은 공매로 나온 이 땅을 꼭 사고 싶을 것 같았다. 이 땅을 사게 된다면 땅의 모양도 더 괜찮아지고 더 이상 맹지가 아니기 때문이다.

낙찰받은 토지의 위치

화살표가 표시된 땅이다. 예래휴양청주거단지 초입 바로 위에 위치했다.

만약 주변의 땅값이 평당 30만 원이라고 해보자. 내가 그 주인에게 평당 15만 원에 판다면 그는 평당 15만 원의 차액을 얻게 되고, 땅의 모양도 더 좋아지니 일석이조였다. 그래서 559번지의 주인을 가장 유력한 매수 후보자로 보았다. 569번지와 549-1번지의 소유자가 같았기 때문에 역시 매수 후보자로 생각했다. 그리고 557번지는 항공사진으로 보면 땅 아래쪽에 길을 만들어 놨다. 그 땅의 주인도 역시 매수 후보자로 두었다.

인터넷으로 충분히 조사한 후 현장으로 갔다. 마침 제일 유력한 매수 후보자인 559번지의 주인이 현장에 있어서 잠시 얘기를 나눌 수가 있었다.

"제가 558번지 소유자인데, 사장님 땅이 생긴 것도 참 이상하고, 제 땅과 합치면 모양도 그나마 괜찮을 듯합니다. 그리고 무엇보다 사장님 땅도 평당 30만 원 이상은 될 터인데, 제 땅은 비록 맹지이지만 평당 15만 원을 주고 사더라도 사장님은 사는 순간 평당 차익이 15만 원이 남습니다. 그리고 해당 토지는 더 이상 맹지가 안 되죠. 그렇죠?"

"응, 자네 말이 맞네. 그럼 나한테 평당 15만 원에 팔겠나?"

"아뇨, 말이 그렇다는 거죠."

그렇게 말하고 전화번호만 받고 헤어졌다.

다른 소유자를 만나려고 했으나 이쯤이면 될 것 같아 바로 집으로 돌아와 입찰을 했다.

처분방식	매각	재산종류	압류재산	물건상태	낙찰
감정가	8,866,000 원	위임기관	강남세무서	개찰일	09.**.**(**:**)
최저가	6,207,000 원	소유자	김**	입찰시작일	09.**.**(**:**)
용도	전	배분종기일		입찰종료일	09.**.**(**:**)
면적	전 403㎡				

주의사항	·분묘 ·명도책임자 - 매수자 ·본건은 지목상 전이나 현황이 과수원으로서 지상에 "분묘" 소재하므로 분묘기지권 성립여부 등에 관하여 사전조사 후 입찰바람

집행기관	한국자산관리공사	담당부서	광주전남지역본부	담당자	조세정리팀
연락처	062-231-3054	E m a i l			

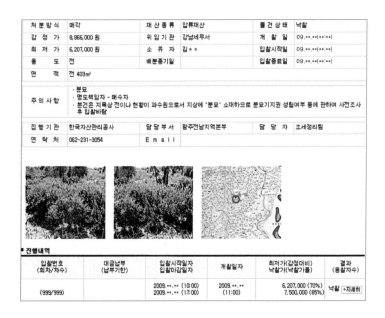

■ 진행내역

입찰번호 (회차/차수)	대금납부 (납부기한)	입찰시작일자 입찰마감일자	개찰일자	최저가(감정대비) 낙찰가(낙찰가율)	결과 (응찰자수)
(999/999)		2009.**.** (10:00) 2009.**.** (17:00)	2009.**.** (11:00)	6,207,000 (70%) 7,500,000 (85%)	낙찰 [+자세히]

　　결과는 당연히 단독 낙찰이었다. 한 명이 더 입찰했지만 입찰 무효 처리가 되었다. 당시 공시지가만 해도 1,100만 원이었는데 맹지긴 하지만 공시지가보다도 더 저렴한 값에 낙찰을 받았다.

　　나는 낙찰받는 순간 최소한 1,000만 원 이상의 수익을 거두게 된 것이다. 왜냐하면 옆 토지의 주인인 할아버지에게 제안했던 3.3㎡(1평)당 15만 원에 팔면 1,000만 원의 수익이 생기기 때문이다. 최소한 140% 수익률이다. 물론 그 할아버지는 내 땅을 사게 되는 순간 더 큰돈을 벌게 되겠지만 말이다.

　　그때 당시에는 돈이 급하지도 않았고, 단기 매매를 할 경우에는 양도세가 커 바로 팔지 않았다. 그로부터 몇 년 뒤 주변이 좀 더 개발된 후 괜찮은 값에 팔 수 있었다. 푼돈으로 종잣돈을 만든 것이다.

한 평의 땅도
버릴 게 없다

일산에 있는 대규모 아파트 단지 내의 토지가 지분으로 3.3㎡(1평)씩 총 네 개 물건이 나온 적이 있었다. 그냥 무시하고 흘려보낼 수 있는 물건이지만 아파트 단지 내의 토지여서 관심을 가지게 되었다.

해당 물건의 등기부등본을 떼어보니 처음 소유자가 40명이나 되었다. 그것도 개인당 한 평씩 말이다. 알아볼수록 궁금증이 일었다. 그리고 곰곰이 생각해봤다.

아파트 단지 내의 토지는 분양 대금에 포함해서 계약자에게 분양하는 것이 아닌가? 그런데 아직 이 땅은 왜 해결이 안 된 걸

[토지]경기도 고양시 일산동구 식사동

순위번호	등 기 목 적	접 수	등 기 원 인	권리자 및 기타사항
26	2번 백** 지분전부이전	2011년 9월 7일 제121903호	2011년 8월 30일 매매	공유자 지분 40분의 1 대*건설주식회사 205511- ******* 경기도 고양시 일산동구 장항동 ** 거래가액 금3,600,000원
27	2번 권** 지분전부이전	2011년 9월 7일 제121904호	2011년 8월 30일 매매	공유자 지분 40분의 1 대*건설주식회사 205511-******* 경기도 고양시 일산동구 장항동 ** 거래가액 금3,600,000원
28	2번 이** 지분전부이전	2011년 9월 7일 제121905호	2011년 8월 30일 매매	공유자 지분 40분의 1 대*건설주식회사 205511-******* 경기도 고양시 일산동구 장항동 ** 거래가액 금3,600,000원
29	11번 압류등기말소	2011년 10월 10일 제135563호	2011년 10월 10일 해제	

공매로 나온 땅이 있는 아파트 단지 전경

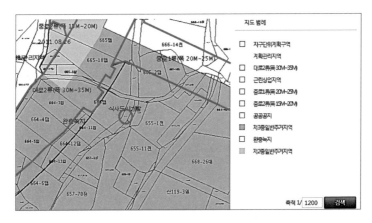

공매로 나온 땅의 지적도

까? 등기부등본을 계속 넘겨보니 대○건설에서 3.3㎡에 360만 원씩 주고 지분을 꾸준히 매입하고 있었다. 주변 땅의 지적도 및 등기부를 확인해봤다. 소유자는 대○건설로 되어 있었다. 오직 이 땅만 마무리가 안 된 것이다.

등기부등본을 보면서 하나하나 나열해보니 대○건설이 40분의 35를 가지고 있고, 나머지 40분의 5는 개인이 가지고 있었다. 그중에 네 명의 지분이 공매로 나온 것이었다.

당시 감정가는 360~500만 원 정도였고, 유찰이 되어서 210~250만 원까지 떨어진 상황이었다. 만약 내가 최저가에 낙찰을 받고, 바로 대○건설에 350만 원씩 매도하면 꽤 짭짤한 수익이 날 것 같았다. 마침 여름 휴가철이기도 했고, 휴가비 정도는 마련할 수 있겠다 싶었다.

입찰번호 ▲	물건관리번호	용도	물건명	최저입찰가 예정금액	낙찰가	입찰결과	개찰일시
20111******	2011-*****-***	구거	경기 고양시 ****** ******	3,489,000	3,495,000	낙찰(공유자매각결정)	2012/04/26 11:00
20111******	2011-*****-***	구거	경기 고양시 ****** ******	2,508,000	2,508,000	낙찰(매각결정(낙찰자))	2012/03/29 11:00
20111******	2011-*****-***	구거	경기 고양시 ****** ******	2,475,000	2,475,000	낙찰(매각결정(낙찰자))	2012/03/29 11:00
20111******	2011-*****-***	구거	경기 고양시 ****** ******	2,178,000	2,360,000	낙찰(공유자매각결정)	2012/04/05 11:00
1 Total : 4							

만약 평균 230만 원에 낙찰을 받는다면 각 130만 원×4 = 520만 원 정도의 차익이 생겼다. 나는 바로 입찰에 들어갔다. 그런데 다른 사람들도 나만큼은 본다고 입찰자가 두 명이나 더 있었다. 그리고 공매는 낙찰 후에도 매각결정기일까지 공유자우선매수신청이 가능하다(국세징수법 제73조의 2, 1항). 결과는 두 개는 공유자가 우선매수신청을 했고, 두 개는 최고가 매수인이 낙찰을 받았다. 나는 아쉽게 떨어졌다.

그럼에도 이 사례를 소개하는 이유는 그때 얻은 교훈 때문이다. 땅은 아무리 작아도 버릴 게 없다.

기획부동산을
조심하라

나는 부동산 일을 배우기 위해 무작정 제주도에서 서울로 올라왔다. 서울에서 마땅히 지낼 곳이 없어 성남 모란역 근처 고시원에 살았는데, 그곳은 딱 내가 누울 공간밖에 없었다. 아직도 그 고시원에서의 첫날밤이 기억난다. 언제까지 이렇게 고시원을 전전하며 지내야 하는지, 내 자신이 처한 상황이 한스러웠다. 또 언제 돈을 모아 좀 더 큰 원룸으로 이사를 갈 수 있을지 막막하기만 했다. 없는 자의 서러움을 뼈저리게 느끼던 시절이었다. 다음 날부터 직장을 구하기 위해 열심히 돌아다녔지만 자격증도 없고, 나이도 어린 나를 받아주는 곳은 단 한 곳도 없었다.

그때 우연찮게 지역신문에서 부동산 일을 배울 사람을 모집한다는 광고를 보게 되었다. 무작정 전화를 하고 찾아간 사무실은 강남역 인근에 위치하고 있었다. 강남역에서 내려 지상으로 올라온 순간 '아 여기가 바로 테헤란로구나' 싶었다. 쭉쭉 뻗은 빌딩 숲에 눈이 저절로 휘둥그레졌다.

내가 살던 고시원이 있는 모란역은 제주도보다 더 시골처럼 느껴졌는데, 강남역은 역시 달랐다. 고층 빌딩들 가운데 서 있으니 마침내 서울에 왔다는 실감이 났다.

설레는 마음으로 면접을 보러 사무실로 들어갔다. 사무실에는 프런트 양 옆으로 문이 두 개 나누어져 있었다. 면접은 왼쪽 문으로 들어가 진행했다. 왼쪽에는 개인 사무실이 쭉 있었고 개인 책상과 컴퓨터, 고객 접대용 소파까지 고급스럽게 꾸며져 있었다. 면접에 합격하면 나도 이렇게 고급스러운 공간에서 일을 하게 될 거라고 생각하니 두근거렸다. 운 좋게 합격을 하고 동대문에서 난생처음 싸구려 양복 한 벌을 5만 원에 구입했다. 다음 날, 새 양복을 입고 기분 좋게 출근을 했다. 그런데 프런트 여직원이 어제 면접을 봤던 왼쪽 문이 아니라 오른쪽 문으로 들어가라고 하는 것이 아닌가?

오른쪽 문을 여는 순간, 나는 새로운 세상을 보았다. 독서실에서만 보던 작고 좁은 책상이 큰 사무실을 가득 채우고 있었다. 책상에는 전화기 한 대와 종이 몇 장이 놓여 있었는데, 그때부터 이상한 느낌이 들기 시작했다. 그렇다! 그곳은 기획부동산이었다. 제대로 된 회사가 아니었기 때문에 하루 이틀만 근무하고 나가는 사람들이 굉장히 많았다. 하지만 나는 그곳을 그만둘 수가 없었다. 비록 기획부동산이긴 하나 기본급이 120만 원이었고, 이곳에서 나가 다른 부동산 회사에 취업할 수 있을 거라는 확신이 없었기 때문이었다. 당장 먹고살 생활비라도 벌어야 했다. 매일 아침, 점심, 저녁으로 20분씩 교육을 받고 하루 종일 전화번호 책을 뒤져 무작정 전화를 걸었다. 이렇게 전화로 설득한다고 부동산을 사는 사람이 있을까 싶었는데, 그곳 직원들은 매우 열정적이었고 실제로 계약이 성사되는 경우도 있었다. 계약이 성사되면 인센티브로 그 자리에서 바로 쟁반에 현금을 쌓아서 주었는데, 그렇게 돈을 받아가는 장면을 보면서 나도 모르게 그곳에 빠져들게 되었다.

그곳은 제주도의 땅만 팔았는데 최소 평수는 330㎡(100평), 3.3㎡에 36만 원으로 최소 3,600만 원 정도는 있어야 투자가 가능했다. 일한 지 며칠 뒤부터 회사 임원들은 내게 지금 돈이 얼마나 있는지, 부모님은 돈이 얼마나 있는지를 물었다. 부모님 두 분 다 돈이 없어 땅을 살 수 없다고 말했지만, 그들의 지시로 부모님께 전화를 걸었다. 당시 부모님의 형편은 넉넉하지 못했기 때문에 다행히 그들의 의도대로 되지는 않았다(그곳에서 다른 사람에게 땅을 판 적도 없다).

순위번호	등 기 목 적	접 수	등 기 원 인	권리자 및 기타사항
8-3	8번등기명의인표시변경	2003년 8월 20일 제36691호	2000년 11월 7일 국적상실로 인한 성명변경	남**의 성명(명칭)호 ******
9	공유자전원지분전부이전	2003년 8월 20일 제36692호	2003년 8월 6일 매매	소유자 주식회사건설케*** 110** 서울 강남구 역삼동 6**, 10층
10	소유권일부이전	2003년 10월 29일 제47646호	2003년 10월 7일 매매	공유자 지분 49656분의 525 고** 43****-2****** 평택시 ***
11	9번주식회사건설케***지분 5251분의 5193 중 일부 (49656분의 1000) 이전	2003년 10월 29일 제47647호	2003년 10월 21일 매매	공유자 지분 49656분의 1000 박** 59****-2****** 군포시 ***
12	9번주식회사건설케***지분 24843분의 24079 중 일부 (49656분의 1007) 이전	2003년 10월 29일 제47648호	2003년 10월 21일 매매	공유자 지분 49656분의 1007 홍** 60****-2****** 군포시 ***
13	9번주식회사건설케***지분 95분의 93 중 일부 (49656분의 866) 이전	2003년 10월 29일 제47649호	2003년 10월 21일 매매	공유자 지분 49656분의 866 홍** 60****-2****** 군포시 ***
14	9번주식회사건설케***지분 49656분의 46285 중 일부 (49656분의 793) 이전	2003년 10월 29일 제47650호	2003년 10월 21일 매매	공유자 지분 49656분의 793 김** 47****-2****** 강릉시 ***

기획부동산에서 팔던 땅의 등기부등본을 보면 모두 지분으로 표시되어 있다.

그들은 어느 날, 땅을 살 수 있는 최소 평수를 165㎡(50평)로 줄이더니 화이트보드에 몇몇 직원들의 이름과 내 이름을 적었다. 그 화이트보드에는 계약을 성사시킨 사람의 이름만 적게 돼 있었는데, 내 이름이 적힌 것이다.

330㎡(100평)로 팔 때는 하루에 몇 명만 이름이 올랐는데, 반으

등기명의인	(주민)등록번호	최종지분	주 소	순위번호
임** (공유자)	63****-******	49636분의 789	고양시 일산구 *****************	20
임** (공유자)	52****-******	49636분의 1395	서울 동대문구 *****************	62, 63
전** (공유자)	65****-******	49636분의 497	인천 연수구 *****************	24
정** (공유자)	35****-******	49636분의 331	서울 동작구 *****************	35
정** (공유자)	60****-******	49636분의 516	일본국 대판시 *****************	55
정** (공유자)	42****-******	49636분의 437	서울 강서구 *****************	53
정** (공유자)	53****-******	49636분의 595	포항시 남구 *****************	74
			*****************	
최** (공유자)	65****-******	49636분의 529	성남시 분당구 *****************	21
최** (공유자)	60****-******	49636분의 364	서울 관악구 *****************	50
최** (공유자)	52****-******	49636분의 523	안양시 동안구 *****************	22
최** (공유자)	53****-******	49636분의 596	서울 송파구 *****************	51
최** (공유자)	70****-******	49636분의 874	부천시 원미구 *****************	42
최** (공유자)	57****-******	49636분의 366	경기도 연천군 *****************	50
최** (공유자)	65****-******	49636분의 874	부천시 오정구 *****************	23
허** (공유자)	50****-******	49636분의 662	서울 양천구 *****************	45
현** (공유자)	50****-******	49636분의 1140	서울 중구 *****************	16
호** (공유자)	45****-******	49636분의 437	서울 송파구 *****************	75
홍** (공유자)	60****-******	49636분의 1007	군포시 금정동 *****************	12
홍** (공유자)	60****-******	49636분의 366	목포시 금정동 *****************	13
홍** (공유자)	34****-******	49636분의 597	인천 중구 *****************	57
홍** (공유자)	53****-******	49636분의 795	고양시 일산구 *****************	59

등기부등본 맨 뒤에 나오는 '주요 등기사항 요약표'를 보면, 한 필의 땅에 전국 각지에서 투자한 수십 명의 지분권자들이 한눈에 들어온다.

로 줄이자 소액으로도 투자가 가능하게 된 것이다.

내게 약 2,000만 원 정도의 돈이 있다는 것을 아는 임원들이 내 이름을 적고 강제로 첫 계약을 맺은 것이다. 많은 사람들이 노래를 불러주며 축하해주었다. 얼떨결에 임원들의 꼬임에 빠져 전 재산을 탈탈 털어 투자를 하게 되었다. 나중에 보니 기획부동산은 타 고객들을 유치하는 것보다 기존 직원들에게 땅을 파는 경우가 많았던 것이다. 그곳에 있는 동안에는 내가 투자한 땅이 정말로 금싸라기 땅인 줄 알았다. 4개월 뒤 회사를 나와 그 땅이 아무런 쓸모가 없는 땅이라는 것을 알고 얼마나 허무하던지….

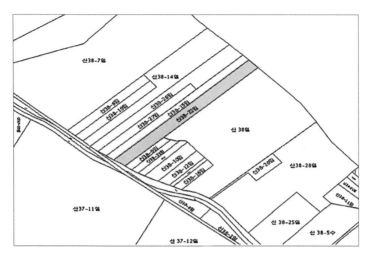

당시 투자했던 땅의 임야도. 기획부동산은 땅을 네모반듯하게 분할한다.

눈 뜨고 코 베인다는 게 이런 걸까? 내 코가 베였는데도 한동안
알아차리지 못했다.

어쩌면 당연한 결과일지도 모른다. 나는 소중한 내 종잣돈을
관리할 능력이 없었던 것이다. 게다가 부동산에 '부' 자도 모르
는 상태에서 기획부동산에 속아서 투자를 했으니 잘 될 턱이 있
었겠는가.

앞에 나온 임야도는 당시 기획부동산에서 작업했던 땅이다.
이처럼 기획부동산은 임야를 엄청 저렴한 값에 산 후에 여러 필
지로 분할해서 고객들에게 팔았다. 1필지를 몇 명에서 많게는
수십 명이 지분으로 투자했다. 그곳은 개발도 힘든 답이 나오지
않는 그런 땅이었다.

속았다는 것을 알았지만 다시 돌려달라고 말해도 소용없는 노릇이었다. '서울에는 사기꾼이 많다'는 어른들의 말이 정말 사실이구나'라는 생각이 들었다. 아들뻘 되는 나에게, 돈이 없어 고시원에서 지낸다는 사실을 알면서도 어떻게 사기를 칠 수 있단 말인가. 그 돈이 어떤 돈인데···. 한동안 그 사람들을 증오했으나 그곳에서 만난 임원들과 그 이후로도 연락을 하며 지냈다. 죄는 미워하되 사람은 미워하지 말라는 말이 있듯이 그곳에 있었던 사람들까지 미워하진 않는다.

결론은 사기를 당했고, 전 재산을 날렸다. 그러나 1년 뒤, 정말 운 좋게도 그 회사 직원에게 땅을 되팔 수 있었다. 비록 아주 큰 손해를 봤지만 그때 팔지 못했다면 대대손손 자손들에게 물려줄 뻔했다.

그래도 기획부동산에서 일한 경험 덕분에 임야도만 봐도 기획부동산에서 작업한 땅인지 아닌지를 쉽게 알 수 있게 되었고, 이 일을 계기로 나의 투자 원칙을 만들고 투자 마인드를 제대로 다잡을 수 있었다.

"투자한 순간 이익이 나는 게임만 한다!"

투자 후 시세가 떨어져도 싸게 샀기 때문에 손해를 보지 않는, 그래서 절대로 지지 않는 게임만 할 것이라고 스스로에게 다짐했다. 돌이켜보면 정말 첫 단추를 제대로 잘 끼웠다고 지금도 좋게 생각한다.

기획부동산의 주 고객은 수시로 바뀌는 직원들이며 세상 물정 모르는 가정주부, 노인, 군인, 환경미화원 등이 주 타깃이 된다. 기획부동산은 그들에게 좋은 물건이 있다며 다가간다. 그러면 고객들은 하나같이 말한다.

"그렇게 좋은 땅이 있으면 당신들이나 사세요."

그럼 기획부동산 직원은 이렇게 맞받아친다. "당연히 저도 샀고, 저희 식구들까지 투자했어요. 그러니 사장님도 저를 믿고 투자하세요."

그러나 모르는 사람을 믿고 덜컥 투자했다가 어떤 결과를 얻었는지는 내 사례만 봐도 알 수 있다. 명심해야 한다. 투자를 할 때는 스스로에게 확신이 있어야 한다. 확신을 가지려면 많이 알아보고 노력해야 한다. 그렇게 확신을 갖게 되면 마음의 여유가 생긴다. 확신이라는 것은 하루아침에 생기는 게 아니므로 절대 성급하게 행동하지 말아야 한다. 급할수록 돌아가라는 옛말이 그냥 있는 것이 아니다.

그 이후의 일을 잠깐 얘기하자면 기획부동산에서 나온 후 제주도에 내려와 살던 때였다. 하루는 그 기획부동산에서 전화가 왔다. 앞서 말한 JDC가 개발하고 있는 곳을 가이드해달라는 것이었다. 용돈도 벌 겸 일을 하게 됐다.

그들은 제주도로 투자자 한 사람을 데리고 내려왔다. 서울에서 내려올 때는 반드시 기획부동산의 실장과 담당 직원, 투자자 이렇게 최소 세 명이 함께 왔다. 같이 내려온 기획부동산 직원은 절대 투자자 곁을 떠나지 않는다. 왜냐하면 투자자가 행복한 상상을 할 수 있도록 계속 작업을 해야 하기 때문이다.

그들과 함께 JDC가 개발하고 있는 곳들을 둘러본 후, 마지막으로 투자하려는 물건지에 갔다. 가기 전에는 반드시 고급 식당에서 만찬을 한다.

해당 물건지에 갔을 때 잠시 투자자와 이야기를 나눌 기회가 생겼다. 그 투자자는 환경미화원이고, 곧 퇴직을 앞두고 있었다. 그동안 모아둔 돈 중 일부분은 이미 투자를 한 상태였다.

이번에 내려온 이유는 한 곳에 더 투자를 하기 위해서였다. 심지어 다른 식구들의 돈까지 모아서 왔다고 했다.

나는 그 말을 듣고 망설임 없이 딱 한마디만 했다.

"절대 투자하지 마세요!"

당시 투자하려고 하는 곳은 위치는 좋아 보일 수 있으나 절대 개발할 수 없는 땅이었다. 만약 정말로 투자를 하고 싶으면 주변 부동산에 소개를 받아 직접 개발할 수 있는 여러 땅들을 비교해 본 후 투자하라고 권유했다. 그분은 처음 본 나를 믿어주었고, 투자할 계획을 접었다. 그와 동시에 나도 그 기획부동산과 연이 끊기고 말았다.

5장

무(無)에서
유(有)를
만드는 투자법

자기자본은 늘리고
부채는 줄여라

경매를 처음 접한 사람들은 종잣돈이 많지 않기 때문에 빌라나 저렴한 아파트에 투자를 많이 한다. 보통 낙찰가의 80%까지 대출이 나오기 때문에 임대를 줘서 임대보증금을 받으면 실제 투자금이 별로 들지 않는다.

또 대출이자를 제하고 한 달에 5만 원 정도만 남아도 수익률은 몇십 %가 되는 경우가 많다. 내 주변에서도 이러한 방식으로 최소 열 채에서 많게는 수십 채까지 투자한 경우가 있다.

수십 채를 보유한 물건들에 자기자본이 많이 들어가 있고 부채도 적다면 부러운 일이지만, 자기자본은 적고 부채가 대부분이라면 부동산 경기가 더 좋아질 때를 제외하곤 썩 추천하고 싶은 방법은 아니다.

부동산 경기가 현 상태를 유지하거나 혹은 더 나빠지거나, 금리가 인상되거나 대출 기간이 만료돼서 추가 연장이 불가능하여 일부를 상환하라고 한다면 큰 위험에 빠질 수도 있다. 대기업도 자산은 있지만 현금이 없어 채무를 변제하지 못해 유동성 위기를 겪는 것이다.

더군다나 노후된 주택이라면 수시로 관리 비용까지 지출될 수 있기에 생각지도 못한 곳에서 수익률이 줄어들 수가 있다. 또한 한 채당 월 5~15만 원 정도만 남는다면 수십 채를 가진들 자산 대비 수익률은 형편없는 것이다.

따라서 포트폴리오를 수시로 관리해야 한다. 최대 2~3년 정도 보유하면서 매매로 물건의 개수를 줄이고, 그 차액으로 자기 자본 비율을 늘리고 부채를 줄여 수익률을 증가시켜야 한다. 이렇게 한다면 물건의 개수는 줄어들지만 한 달에 들어오는 수익은 오히려 늘어나고 걱정거리도 줄게 된다.

작은 눈덩이는 수십 번 굴려야 조금씩 커지지만 큰 눈덩이는 몇 번만 굴려도 금방 커진다. 이처럼 처음에는 종잣돈이 부족해 어쩔 수 없이 자주 매매하게 되지만 자기 자본이 일정 금액 이상 모이면 한두 건만 매매해도 더 큰 수익을 낼 수가 있다. 예전보다 더 오래 보유하면서 수익률도 좋아지게 되는 것이다.

결국 중요한 건 양보단 질이다. 많은 물건들을 보유하는 것보다 수익이 많이 나는 질 좋은 물건 하나를 보유하는 게 낫다.

근생빌라의 탈을 쓴
다세대주택을 조심하라

앞서 말했듯 초보 투자자들은 초기에 가진 돈이 부족하여 아파트보다는 빌라에 관심을 가지는 경우가 많다. 또 물건 검색을 하다보면 일반 물건보다 유찰이 되어 저렴하게 나온 다세대주택(빌라) 물건이 종종 눈에 들어올 때가 있다. 초보 투자자들은 이런 물건에 관심을 가질 수밖에 없다.

보통 이런 다세대주택은 층수가 5층 이상이고 엘리베이터까지 갖추고 있다. 엘리베이터가 있다고 모두 근생빌라는 아니지만 조금은 의심을 해봐야 한다.

더군다나 이런 곳은 주변 시세보다도 분양가가 더 저렴한데,

물건종별	다세대(빌라)	채권자	은 **	감정가	130,000,000원
대지권	20.45㎡ (6.19평)	채무자	조 **	최저가	(49%) 63,700,000원
전용면적	64.23㎡ (19.43평)	소유자	김 **	보증금	(10%)6,370,000원
입찰방법	기일입찰	매각대상	토지/건물일괄매각	청구금액	643,271,994원
사건접수	2013-05-14	배당종기일	2013-07-25	개시결정	2013-05-15

기일현황 | ⊙ 입찰29일전

회차	매각기일	최저매각금액	결과
신건	2013-09-12	130,000,000원	유찰
2차	2013-10-16	91,000,000원	변경
2차	2013-12-13	91,000,000원	변경
2차	2014-02-10	91,000,000원	유찰
3차	2014-03-17	63,700,000원	변경
3차	2014-05-15	63,700,000원	

근생빌라여서 유찰이 여러 번 됐다.

그 이유는 일명 '근생빌라' 이기 때문이다. 근생빌라는 법적 용어는 아니지만 근린생활시설(상가)과 주택을 합쳐놓은 것을 지칭하는 말이다. 건축물대장상 다세대주택이 아닌 근린생활시설로 되어 있기 때문에 법적으로는 주택이 아닌 상가다.

하지만 내부는 상가가 아닌 완전한 주택이다. 거기다가 요즘은 인테리어도 아파트 못지않게 해놓고, 거기다가 주변 시세보다도 더 저렴하고 일반 빌라에는 없는 엘리베이터까지 갖추고 있어 보통 사람들은 혹할 수밖에 없다.

근생빌라가 생기는 이유는 건축주의 수익 극대화 때문인데, 주택용으로 지으려면 가구당 한 대의 주차장이 필요하다. 그러나 근린생활시설로 허가를 받으면 주차장 규제가 완화되어 건축주는 수익 극대화를 이룰 수가 있는 것이다. 때문에 이런 근생빌라는 주택가가 밀집한 곳에 많이 짓는다.

집합건축물대장(표제부,갑)　　위반건축물

고유번호 2817010100-3-******	민원24접수번호 2013******		명칭 예**	호수 4세대/4호/가구
대지위치 인천광역시 남구 숭의동		지번 ***	도로명주소	인천광역시 남구 장천로 ***
대지면적 ***㎡	연면적 ***㎡	지역 일반상업지역	지구 방화지구	구역 상대정화구역
건축면적 ***㎡	용적률산정용연면적 ***㎡	주구조 철근콘크리트구조	주용도 공동주택	층수 지하층/지상*층
건폐율 ** %	용적률 ** %	높이 25.5m	지붕 (철근)콘크리트	부속건축물 동㎡
공적 공간 면적 (합계)　㎡	*공적공간면적(합계)에 대한 개별 면적정보는 아래와 같습니다.			
	공개 공지 면적 ㎡	쌈지공원 면적 ㎡	공공보행 통로 면적 ㎡	건축선 후퇴 면적	그밖의 면적 ㎡

건축물현황

구분	층별	구조	용도	면적 (㎡)
주1	1층	철근콘크리트구조	계단실, ELEV	15.86
주1	2층	철근콘크리트구조	제1종근린생활시설(소매점)	80.09
주1	3층	철근콘크리트구조	제2종근린생활시설(사무소)	80.09
주1	4층	철근콘크리트구조	다세대주택(1세대)	80.09
주1	5층	철근콘크리트구조	다세대주택(1세대)	80.09
주1	6층	철근콘크리트구조	다세대주택(1세대)	80.09

근생빌라의 건축물대장에 위반건축물이라고 표시되어 있다.

　　근생빌라는 법적으로는 주택이 아닌 상가이기 때문에 취득을 할 때도 주택 취득세율인 1.1%가 아닌 4.6%로 계산해서 내야 하고 부가세도 내야 한다.

　　대출 가능 금액도 일반 주택에 비해서 그 비율이 현저히 낮다. 대출 비율이 낮으면 나중에 되팔 때 힘들다. 후에 구청에 적발되면 건축물대장상에 위반건축물이라는 표시가 뜨게 되고, 근린생활시설로 원상 복귀 명령이 떨어진다. 그렇지 않으면 계속 이행

집합건축물대장(전유부)

고유번호 2817010100-****	민원24접수번호 20150602-****		명칭 예**			호명칭 ***		
대지위치 인천광역시 남구 숭의동		지번 ***		도로명주소 인천광역시 남구 장천로 ***				

전유부분					소유자현황			
구분	층별	구조	용도	면적(㎡)	성명(명칭) 주민(법인)등록번호 (부동산등기용등록번호)	주소	소유권 지분	변동일자 변동원인
주	3층	철근콘크리트구조	제2종근린생활시설 (사무소)	80.09	김**	인천광역시	100/	2.06.11
		-이하여백-			8****-1******	***	100	소유자등록
					김**	인천광역시	1/1	2012.07.12
공용부분					8****-1******	****		소유권보존

구분	층별	구조	용도	면적(㎡)	공동주택(아파트) 가격(단위:원)	
주	각층	철근콘크리트구조	계단실/ELEV	18.61	기준일	공동주택(아파트) 가격
		-이하여백-				

해당 호수의 건축물대장 전유부분을 떼보면 용도가 표시돼 있다.

강제금을 물게 된다. 시세보다 조금 더 싸게 사려다가 배보다 배꼽이 더 커질 수 있기에 주의해야 한다.

이러한 근생빌라를 구입하지 않기 위해선 반드시 건축물대장을 살펴봐야 한다. 190쪽에 있는 건축물대장은 위반건축물 표시가 되어 있고, 2층과 3층은 근린생활시설로 되어 있으나 현황상으로는 전부 주택으로 사용 중이었다.

분위기에 휩쓸려
투자하지 마라

투자를 해서 수익을 내기 위해서는 반드시 누군가 내가 산 가격 보다 더 비싼 가격을 주고 물건을 사줘야 한다. 내가 산 1억 원짜 리 집에서 수익이 나기 위해서는 누군가가 최소 1억 2,000만 원 이상의 가격으로 사줘야 하고, 1억 2,000만 원에 산 사람은 1억 4000~5,000만 원에 되팔아야 수익이 난다. 이것은 투자의 기본 이다. 이것을 이해하지 못하면 제대로 된 투자를 할 수도 없거니 와 투자를 해도 이익을 내기 힘들다.

분위기에 휩쓸리게 되면 보잘것없는 부동산도 비싼 가격에 사 는 우를 범하게 된다. 예전 행정수도 이전 시 세종시 주변 부동산

날짜	사건	소재지	감정/낙찰가	비고
2015.06.01 대지	제주3계 2014-2497	제주 서귀포시 대정읍 가파리 392 [저매각] 르지 340㎡ (103평)	13,940,000 낙찰 13,940,000 (100%) 103,200,000 (740.3%)	1,837
2015.06.01 임야	제주3계 2014-6826	제주 서귀포시 호근동 2114 [덩지] 르지 5,256㎡ (1,590평)	32,061,600 낙찰 22,443,000 (70%) 30,500,000 (95.1%)	613
2015.06.01 임야	제주3계 2014-7669[1]	제주 제주시 한림읍 한림리 155 르지 228㎡ (69평)	3,648,000 낙찰 3,648,000 (100%) 30,500,000 (836.1%)	386
2015.06.01 답	제주3계 2014-7669[2]	제주 제주시 한림읍 귀덕리 3830 [농취증] 르지 453㎡ (137평)	12,231,000 낙찰 12,231,000 (100%) 64,666,000 (528.7%)	296
2015.06.01 대지	제주3계 2014-7843	제주 제주시 구좌읍 하도리 3299-1 [농취증] 르지 711㎡ (215평)	63,990,000 낙찰 63,990,000 (100%) 178,670,000 (279.2%)	489
2015.06.01 전	제주3계 2014-8723[1]	제주 제주시 조천읍 북촌리 795 [덩지 농취증] 르지 668㎡ (202평)	7,348,000 낙찰 7,348,000 (100%) 35,000,000 (476.3%)	201
2015.06.08 전	제주4계 2014-8***	제주 서귀포시 표선면 *** [저매각 입찰외 농취증] 르지 116㎡ (35평)	2,784,000 낙찰 2,784,000 (100%) 7,320,000 (262.9%)	244
2015.06.08 전	제주4계 2014-9***	제주 제주시 조천읍 *** 르지 162㎡ (49평)	13,446,000 낙찰 9,412,000 (70%) 11,250,000 (83.7%)	436
2015.06.08 전	제주4계 2014-9***	제주 서귀포시 성산읍 *** [농취증] 르지 464㎡ (140평)	50,112,000 낙찰 50,112,000 (100%) 101,999,000 (203.5%)	319
2015.06.08 전	제주4계 2014-9***	제주 서귀포시 대포동 *** [일부지분 등록 입찰외 농취증] 르지 3,837㎡ (1,161평)	248,382,000 낙찰 173,867,000 (70%) 251,900,000 (101.4%)	460
2015.06.08 대지	제주4계 2014-10 ***	제주 제주시 구좌읍 *** [지분매각 법정지상권 입찰외] 르지 42㎡ (13평)	6,384,000 낙찰 6,384,000 (100%) 25,800,000 (404.1%)	170
2015.06.08 전	제주4계 2014-10 ***	제주 제주시 구좌읍 *** [지분매각 법정지상권 입찰외 농취증] 르지 204㎡ (62평)	22,236,000 낙찰 22,236,000 (100%) 120,000,000 (539.7%)	188

최근에 낙찰된 제주도의 땅들이다. 감정가보다 훨씬 높게 낙찰이 되고 있다.

이 그랬고, 지금은 중국인이 판치는 제주도가 그렇다.

지금의 제주도 투자는 마치 투자가 아닌 투기처럼 보인다. 제주도 뿐만 아니라 대구, 부산, 광주 등 집값 상승률이 높은 지역도 마찬가지다.

지금 제주도의 경우 30평대 집값이 3~4억 원을 호가한다. 서울에 비하면 싸지만 제주에서는 그렇지 않다. 제주에서 직장을 다녀본 사람은 알겠지만 제주도의 급여는 전국에서 하위권에 속한다. 월급 200~250만 원 정도를 받으면 매우 잘 버는 축이다. 많은 직장인들이 월 200만 원도 받지 못하는데, 집값은 계속 올라가니 수요가 따라가지 못할 때가 반드시 올 것이다.

지금 제주도 땅은 중국인을 비롯하여 육지에서 투자하는 사람들이 굉장히 많다. 특히 베이비부머들이 은퇴 후 전원생활이나 게스트하우스, 펜션 운영 등을 생각하며 땅을 산다.

이 때문에 제주도의 땅값이 폭등하고 있어 경매나 공매로 나온 땅들은 감정가의 몇 배로 낙찰되는 경우가 허다하다. 몇십 %가 아니다. 몇 배나 비싸게 낙찰을 받고 있다.

최근에 내가 입찰한 물건을 잠깐 소개할까 한다. 403㎡(122평)의 임야였는데 감정가가 1,100만 원 정도였다. 감정가가 낮게 나온 것도 있지만, 이 물건이 눈에 들어온 이유는 따로 있었다.

지적도를 보면 해당 부동산은 4미터 도로에 접한 땅이다. 반면 그 땅 뒤에 있는 2333-1번지는 도로에 접하지 않은 맹지인

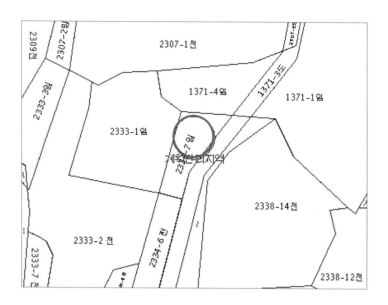

것이다. 그 땅은 예전에 공매로 나왔었는데, 당시에도 감정가보다 높게 낙찰이 되었다.

그 맹지는 1,345㎡(407평)로 육지에 사는 사람이 4,267만 8,000원에 감정가보다 높게 낙찰을 받아갔다. 즉 3.3㎡당 10만 5,000원 정도에 낙찰을 받았는데, 등기부등본을 떼보니 대출도 없이 잔금을 납부했다.

이 땅의 소유자는 반드시 길에 접한 토지 즉, 내가 관심을 가진 땅을 반드시 사고 싶을 것이라 생각되었다. 감정가보다 두세 배로 높은 가격에 낙찰받아도 수익이 생길 거라는 확신이 들었다.

내가 감정가의 세 배인 3,300만 원대(3.3㎡당 27만 원)에 낙찰을

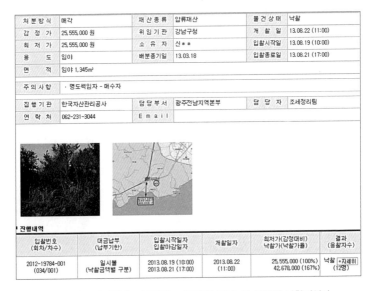

처분방식	매각	재산종류	압류재산	물건상태	낙찰
감 정 가	25,555,000 원	위임기관	강남구청	개 찰 일	13.08.22 (11:00)
최 저 가	25,555,000 원	소유자	신 ＊＊	입찰시작일	13.08.19 (10:00)
용 도	임야	배분종기일	13.03.18	입찰종료일	13.08.21 (17:00)
면 적	임야 1,345㎡				

주의사항	· 명도책임자 - 매수자				
집행기관	한국자산관리공사	담당부서	광주전남지역본부	담당자	조세정리팀
연락처	062-231-3044	Email			

▶ 진행내역

입찰번호 (회차/차수)	대금납부 (납부기한)	입찰시작일자 입찰마감일자	개찰일자	최저가(감정대비) 낙찰가(낙찰가율)	결과 (응찰자수)
2012-19784-001 (034/001)	일시불 (낙찰금액별 구분)	2013.08.19 (10:00) 2013.08.21 (17:00)	2013.08.22 (11:00)	25,555,000 (100%) 42,678,000 (167%)	낙찰 +자세히 (12명)

2333-1번지 땅은 맹지임에도 불구하고 감정가보다 높은 금액에 낙찰되었다.

받아 3.3㎡당 50만 원에 팔게 된다면 2,800만 원의 수익이 생기는 것이고, 맹지 소유자에게 그 땅은 더 이상 맹지가 아니기 때문에 3.3㎡당 가격은 (42,678,000원 + 61,000,000 원/ 529평) 19만 6,000원이 된다.

그 주변 땅 가격은 정확한 시세가 없긴 하지만 30만 원대는 갈 것이라 생각했다. 그렇게 되면 그 맹지 소유자는 땅을 사는 순간 5,500만 원 정도의 차액이 발생하게 된다. 나는 과감하게 감정가의 세 배가 되는 금액으로 입찰을 했지만 결국 떨어졌다.

내가 팔려는 가격보다 더 높은 가격에 낙찰이 된 것이다. 그렇

처분방식	매각	재산종류	압류재산	물건상태	낙찰
감 정 가	10,854,000 원	위임기관	종로세무서	개 찰 일	15.05.28 (11:00)
최 저 가	10,854,000 원	소 유 자	신 **	입찰시작일	15.05.25 (10:00)
용 도	임야	배분종기일	15.01.19	입찰종료일	15.05.27 (17:00)
면 적	임야 403㎡				

주 의 사 항	· 분묘 · 재매각 · 명도책임자 – 매수인 · 현황 자연림으로써 분묘소재할 가능성이 있으므로 분묘기지권 성립여부 등에 관하여 입찰자 책임하에 사전조사 후 입찰바랍니다.

집행기관	한국자산관리공사	담당부서	광주전남지역본부	담 당 자	조세정리팀
연 락 처	1588-5321	E m a i l			

진행내역

입찰번호 (회차/차수)	대금납부 (납부기한)	입찰시작일자 입찰마감일자	개찰일자	최저가(감정대비) 낙찰가(낙찰가율)	결과 (응찰자수)
2014-16641-001 (021/001)	일시불 (낙찰금액별 구분)	2015.05.25 (10:00) 2015.05.27 (17:00)	2015.05.28 (11:00)	10,854,000 (100%) 70,000,000 (645%)	낙찰 *자세히 (76명)

2334-7번지 땅은 감정가의 여섯 배가 넘는 금액에 낙찰되었다.

다면 이 낙찰자는 수익을 내기 위해서 맹지 소유자에게 훨씬 더 높은 가격에 팔아야 한다는 것인데, 맹지를 소유한 사람이 더 높은 가격을 주고 사게 되면 시세 차액을 거두기 힘들 수도 있거니와 더 높은 가격에 사줄지도 의문이다. 낙찰자가 해당 맹지의 등기부등본을 자세히 살펴봤는지 궁금하다.

이외에도 절대 개발할 수 없는 땅이 감정가보다 높게 낙찰되는 경우도 있다. 제주도에는 오름이 360여 개가 있다. 조그마한 산처럼 생겼는데 절대 개발할 수 없는 곳이다.

용 도	임야	감 정 가	**32,775,000**
토지 면적	4,370㎡ (1,322평)	최 저 가	**32,775,000** (100%)
건물 면적	0㎡ (0평)	보 증 금	3,277,500 (10%)
경매 구분	강제경매	소 유 자	김＊＊
청 구 액	5,005,479	채 무 자	김＊＊
채 권 자	한＊＊		
주의 사항	·맹지·입찰외 [위험件분석신청]		

■ 진행과정

구분	일자	접수일~
경매개시일	2014.10.24	0일
감정평가일	2014.11.28	35일
배당종기일	2015.01.19	87일
최초경매일	2015.04.13	171일

■ 매각과정
[법원기일내역]

회차	매각기일	최저가	비율	상태	접수일~
①	2015.04.13 (10:00)	32,775,000	100%	낙찰	171일
		낙찰자 양＊＊/응찰 7명			
		차순위신고 강＊＊ 45,800,000			납부완료
		낙찰액 47,000,000 (143.40%)			(2015.05.27)
		2위 45,800,000 (139.74%)			

■ 감정서요약 (2014.11.28 하나감정)

소재지	구분	용도/상태	경매면적	감정가
한경면	토지	임야 ·맹지	4,370㎡ (1,322평)	32,775,000 1㎡당 7,500 1평당 24,794

표준공시지가 : 3,150원 / 개발공시지가 : 3,080원 / 감정지가 : 7,500원
-소나무,잡목포함
-입찰외분묘2기 소재
▶보전관리지역 / 경관보전지구(1등급) / 지하수자원보전지구(2등급)
▶저지오름서측인근   ▶주위전,과수원,임야등혼재
▶인근차량접근가능   ▶인근간선도로소재,제반교통사정보통
▶부정형다소급경사지,자연림   ▶생태계보전지구(4-1,4-2,5등급)저촉

개발이 불가능한 오름 땅이 감정가보다 높게 낙찰되었다.

150미터가 넘는 오름인데, 150미터 부근에 땅을 산 것이다.

오름에 있는 땅을 낙찰받은 사람이 수익을 내기 위해서는 반드시 누군가 더 비싼 값을 주고 사줘야 되는데, 개발도 못 하는 곳을 누가 더 비싼 값을 주고 사겠는가. 기억할 것은 이익이라는 것은 이미 투자하기 전에 결정되어 있다는 것이다. 투자 시점에 이미 이익이 날지 손해가 날지 정해진다.

투자에 대한 책임은
자기 자신에게 있다

텔레비전이나 강의장, 그리고 온라인상에 자칭 전문가라는 사람들이 참 많다. 전문가들은 스스로를 멋지고 화려하게 포장하고, 여러 가지 분석 자료들을 들먹이면서 사람들을 현혹한다. 하지만 그들이 하는 말에서 책임감이라고는 전혀 찾아볼 수가 없다.

전문가라면 자신의 말에 책임을 져야 한다고 생각한다. 주식의 경우 코스피가 많이 떨어지면 저평가가 되었으니 매수하라고 하고, 반대로 코스피가 올라가면 더 오를 거라고 하면서 이번에도 역시 매수하라고 권한다. 그 말을 믿고 투자를 해서 이익을 내면 다행이지만 손해를 본다면 어떻게 될까? 만약 이익을 냈다

하더라도 그 이익은 자기 실력이 아닌 운이었다는 것을 훗날 큰 교육비를 내고 깨닫게 될 것이다. 투자에 대한 책임은 전문가가 아닌 온전히 투자자 본인에게 있다는 것을 알아야 한다.

그렇다면 자기 자신이 책임져야 할 일에 왜 다른 사람의 말을 믿고 소중한 종잣돈을 투자한단 말인가? 혹시 그들이 진짜 전문가인지 의심을 해보기나 했을까? 그들이 보여주는 화려함은 거짓일 수도 있지 않을까?

그들이 진짜 전문가여서 큰돈을 벌었다면 굳이 텔레비전에 나오거나 무료 강의를 하거나 귀찮게 컨설팅 등을 할 필요가 있을까?

전문가의 말을 믿고 내가 힘들게 모은 소중한 종잣돈을 투자하는 것은 너무나 위험한 일이다. 자신의 돈을 불리기 위해선 반드시 본인 스스로가 큰 그릇이 되어야 한다.

자칭 전문가라는 사람들은 어떠한 일이 일어난 것에 대해 그러한 일이 일어날 수밖에 없다는 분석을 꿰어 맞추면서 사람들을 선동하는지도 모르겠다. 그러한 쪽으로 머리가 발달했기 때문에 신의 영역인 미래에 대해서도 과감히 전망을 하는지도 모르겠다.

내가 첫 내 집 마련을 하기 전부터 자칭 전문가들 중에는 한국 부동산이 일본을 닮아가 폭락할 거라고 얘기하는 자들이 많았고, 심지어 책으로도 크게 다루는 경우를 보았다. 하지만 지금

어떠한가? 아마 그 사람의 말을 믿고 부동산을 처분했다면 땅을 치고 후회했을 것이다.

내가 아는 누군가는 몇 해 전에 폭락론자의 말을 믿고 10년간 소유한 집을 팔았는데, 그 이후에 부동산 값이 크게 올라 아내에게 매일 눈칫밥을 먹으면서 산다고 했다. 그 사람은 10년간 부동산을 소유하면서 이익을 얻지 못했지만, 그 집을 산 투자자는 불과 2~3년 만에 큰 차액을 얻게 된 것이다. 집을 판 사람은 치솟는 전셋값을 올려주기 바쁠 것이고, 예전 집 시세를 알아볼 때마다 속이 뒤집힐 것은 당연하다.

부동산 값이 오르는 이유는 여러 가지가 있겠지만 우선 공급이 부족하고 수요가 많기 때문이다. 반대로 수요보다 공급이 더 많아진다면 자연스럽게 값은 떨어질 것이다.

전문가의 말보다 정확한 팩트(수치)를 가지고 분석을 하게 된다면 내 스스로가 확신을 가지고 책임감 있게 투자할 수 있지 않을까?

예를 들어 올해 분양 물량이 적다면 3년 뒤에는 공급이 모자랄 것이고, 그렇게 되면 전세와 매매가격이 오를 수 있다는 추측을 할 수가 있다.

반대로 올해 분양 물량이 엄청나다면 3년 뒤에는 공급이 많아져 전세가와 매매가격 하락은 불가피할 것이라고 추측할 수 있고, 이를 대비할 수가 있는 것이다.

명심해야 한다. 아직 본인이 투자할 준비가 되어 있지 않다면 급하게 전문가의 말을 믿고 투자하지 않기를 바란다. 급히 먹다 크게 체할 수가 있기 때문이다.

'늦었다고 생각할 때가 빠르다'라는 말이 있다. 나는 이 말이 처음에는 이해되지 않았는데 지금은 매우 공감한다. 투자하기 전에 투자의 책임을 감당할 수 있게 자신의 그릇을 키우는 것이 먼저다.

급변하는 시장,
새로운 투자법만이 살길이다

월급으로 200만 원도 못 받던 내게 매달 그보다 훨씬 많은 돈을 벌게 해준 일등 공신은 바로 '부동산' 이었다.

월급이 오르려면 몇 년에 한 번 승진을 하거나 눈에 띄는 성과를 내야 하는데, 이때도 고작 몇십 만 원 정도가 오른다. 하지만 부동산을 하나 취득하고 월세를 받게 되면 기본 몇십 만 원 이상의 소득이 증가한다. 여기에 시세 차익은 보너스다.

고졸이라는 학력으로 직장 생활을 한다면 연봉이 높아야 2,400만 원 정도가 되겠지만 부동산을 이용한다면 당신의 연봉은 대기업이 전혀 부럽지 않게 될 것이다.

직장인들이 회사라는 조직에서 살아남기 위해 자기 계발을 하며 스스로를 발전시키는 것처럼 부동산 투자의 세계에서도 지속적인 자기 계발이 필요하고, 누구보다 빠르게 시장의 변화를 감지해 투자 방법을 변화시켜야만 살아남을 수 있다. 직장인이든 투자자든 수시로 변하는 환경 앞에서 안정이라는 단어는 없는 것 같다.

초반에 나는 제주도에 있는 주택에 투자하여 수익을 얻었다. 이후 시장 환경이 좋아지면서 경쟁률이 높아져 낙찰가가 감정가를 뛰어넘는 상황이 됐다. 나는 바로 경쟁이 덜한 상가로 눈을 돌려 수익을 얻었다. 하지만 상가 역시 금세 경쟁률이 높아졌고, 새로운 분야로 눈을 돌릴 수밖에 없었다.

새로운 분야에 뛰어들 때마다 그 분야에 대해 철저하게 공부해야 하고, 새로운 경험을 하면서 무에서 유를 만드는 힘든 작업이 계속 반복된다.

이럴 때면 나는 '솔개의 장수 비법'이라는 글을 머릿속으로 되새기곤 한다. 솔개는 약 40세가 되면 발톱이 노화하여 사냥감을 잡아챌 수 없게 된다. 부리도 길게 자라고 구부러져 가슴에 닿을 정도가 되고, 깃털이 짙고 두껍게 자라 날개가 매우 무거워져 하늘로 날아오르기가 힘들기 때문이다. 이즈음이 되면 솔개에게는 두 가지 선택이 있을 뿐이다. 그대로 죽을 날을 기다리든가 약 반 년에 걸친 매우 고통스런 갱생 과정을 거치든가.

갱생의 길을 선택한 솔개는 먼저 산 정상 부근으로 높이 날아올라 그곳에 둥지를 짓고 고통스런 수행을 시작한다.

먼저 부리로 바위를 쪼아 부리가 깨지고 빠지게 만든다. 그러면 서서히 새로운 부리가 돋아난다. 그 후 새로 돋은 부리로 발톱을 하나하나 뽑아낸다. 그리고 새로 발톱이 돋아나면 이번에는 날개의 깃털을 하나하나 뽑아낸다. 이리하여 약 반 년이 지나새 깃털이 돋아난 솔개는 완전히 새로운 모습으로 변신하게 된다. 그리고 다시 힘차게 하늘로 날아올라 30년의 수명을 더 누리게 되는 것이다.

최근 부동산 경매가 대중화되어 많은 사람들이 뛰어들고 있다. 그러나 부동산 경매가 만만치 않다는 것을 깨닫고 떠나는 사람들도 많은데, 자신이 갖고 있는 기술이 시장에서 먹히지 않는다면 솔개처럼 모든 것을 내려놓고 새로운 기술을 터득하기 위해 피나는 노력을 해야만 한다.

　이 책을 읽는 독자들도 이 점을 반드시 명심하고, 절대 포기하지 않길 바란다. 끝으로 이 책을 집필하는 데 큰 도움을 준 아내와 한국경제신문출판사 관계자 여러분께 진심으로 감사의 말을 전한다.

주 택 임 대 차

1. 간접점유자의 주민등록이 주택임대차의 유효한 공시방법이 되는
   지에 대한 판례-대법원 2001. 1. 19 선고 2000다55645 판결

【판시사항】

간접점유자의 주민등록이 주택임대차의 유효한 공시방법이 되는지 여부(소극)

【판결요지】

주택임대차보호법 제3조 제1항 소정의 대항력은 임차인이 당해 주택에 거주하

면서 이를 직접 점유하는 경우뿐만 아니라 타인의 점유를 매개로 하여 이를 간

접점유하는 경우에도 인정될 수 있을 것이나, 그 경우 당해 주택에 실제로 거주

하지 아니하는 간접점유자인 임차인은 주민등록의 대상이 되는 '당해 주택에

주소 또는 거소를 가진 자(주민등록법 제6조 제1항)' 가 아니어서 그 자의 주민등

록은 주민등록법 소정의 적법한 주민등록이라고 할 수 없고, 따라서 간접점유자

에 불과한 임차인 자신의 주민등록으로는 대항력의 요건을 적법하게 갖추었다

고 할 수 없으며, 임차인과의 점유매개관계에 기하여 당해 주택에 실제로 거주

하는 직접점유자가 자신의 주민등록을 마친 경우에 한하여 비로소 그 임차인의

임대차가 제3자에 대하여 적법하게 대항력을 취득할 수 있다.

2. 전차인의 전입신고가 이루어지고 그 후 임차인이 소유권을 취득
   한 경우 전차인은 임차인의 소유권이전등기가 경료되는 즉시 임
   차권의 대항력을 취득하였다고 본 판례-대법원 2001. 1. 30 선고
   2000다58026, 58033 판결

【판시사항】

[1] 주택임대차보호법 제3조 제1항 소정의 주민등록이 대항력의 요건을 충족시

키는 공시방법이 되기 위한 요건

[2] 갑이 병 회사 소유 임대아파트의 임차인인 을로부터 아파트를 임차하여 전입

신고를 마치고 거주하던 중, 을이 병 회사로부터 위 아파트를 분양받아 자기

명의로 소유권이전등기를 경료한 후 근저당권을 설정한 사안에서, 갑은 을 명

의의 소유권이전등기가 경료되는 즉시 임차권의 대항력을 취득하였다고 본

사례

【판결요지】

[1] 주택임대차보호법 제3조 제1항에서 주택의 인도와 더불어 대항력의 요건으

로 규정하고 있는 주민등록은 거래의 안전을 위하여 임차권의 존재를 제3자

가 명백히 인식할 수 있게 하는 공시방법으로 마련된 것으로서, 주민등록이

어떤 임대차를 공시하는 효력이 있는가의 여부는 그 주민등록으로 제3자가

임차권의 존재를 인식할 수 있는가에 따라 결정된다고 할 것이므로, 주민등록

이 대항력의 요건을 충족시킬 수 있는 공시방법이 되려면 단순히 형식적으로 주민등록이 되어 있다는 것만으로는 부족하고, 주민등록에 의하여 표상되는 점유관계가 임차권을 매개로 하는 점유임을 제3자가 인식할 수 있는 정도는 되어야 한다.

[2] 갑이 병 회사 소유 임대아파트의 임차인인 을로부터 아파트를 임차하여 전입신고를 마치고 거주하던 중, 을이 병 회사로부터 위 아파트를 분양받아 자기 명의로 소유권이전등기를 경료한 후 근저당권을 설정한 사안에서, 비록 임대인인 을이 갑과 위 임대차계약을 체결한 이후에, 그리고 갑이 위 전입신고를 한 이후에 위 아파트에 대한 소유권을 취득하였다고 하더라도, 주민등록상 전입신고를 한 날로부터 소유자 아닌 갑이 거주하는 것으로 나타나 있어서 제3자들이 보기에 갑의 주민등록이 소유권 아닌 임차권을 매개로 하는 점유라는 것을 인식할 수 있었으므로 위 주민등록은 갑이 전입신고를 마친 날로부터 임대차를 공시하는 기능을 수행하고 있었다고 할 것이고, 따라서 갑은 을 명의의 소유권이전등기가 경료되는 즉시 임차권의 대항력을 취득하였다고 본 사례.

＊소유자가 제3자에게 집을 매도하고 그 집에 임대차로 계속 거주하게 될 경우엔 제 3자에게 소유권이전일 다음 날 대항력 취득을 한다.(대법원 99다59306)

＊낙찰자가 거주 중인 임차인과 재계약을 하는 경우 임차인에겐 즉시 대항력이 생긴다. 하지만 실무에서 대개의 경우 잔금을 납부한 이후에 재계약을 한다.(대법원 2002다 38361)

3. 건축 중인 주택을 임차하여 주민등록을 마친 임차인의 주민등록 상의 주소 기재가 당시의 주택 현황과 일치하였으나 그 후 사정 변경으로 등기부상 주택의 표시가 달라진 경우에 대한 판례-대법원 2003. 5. 16 선고 2003다10940 판결

【판시사항】

[1] 주택임대차보호법 제3조 제1항 소정의 대항요건으로서의 주민등록의 임대차 공시방법으로서의 유효 여부에 관한 판단 기준

[2] 건축 중인 주택을 임차하여 주민등록을 마친 임차인의 주민등록상의 주소 기재가 당시의 주택 현황과 일치하였으나 그 후 사정변경으로 등기부상 주택의 표시가 달라진 경우, 입찰절차에서의 이해관계인 등이 그러한 사정을 알고 있었던 때에는 그 주민등록이 공시방법으로서의 효력이 있는지의 여부(소극)

【판결요지】

[1] 주택임대차보호법 제3조 제1항에서 주택의 인도와 더불어 대항력의 요건으로 규정하고 있는 주민등록은 거래의 안전을 위하여 임대차의 존재를 제3자가 명백히 인식할 수 있게 하는 공시방법으로 마련된 것이고, 그 주민등록이 어떤 임대차를 공시하는 효력이 있는가의 여부는 일반 사회통념상 그 주민등록이 당해 임대차 건물에 임차인이 주소 또는 거소를 가진 자로 등록되어 있는지를 인식할 수 있는가의 여부에 따라 결정된다.

[2] 건축 중인 주택에 대한 소유권보존등기가 경료되기 전에 그 일부를 임차하여 주민등록을 마친 임차인의 주민등록상의 주소 기재가 그 당시의 주택의 현황

과 일치한다고 하더라도 그 후 사정변경으로 등기부 등의 주택의 표시가 달라

졌다면 특별한 사정이 없는 한 달라진 주택의 표시를 전제로 등기부상 이해관

계를 가지게 된 제3자로서는 당초의 주민등록에 의하여 당해 주택에 임차인

이 주소 또는 거소를 가진 자로 등록되어 있다고 인식하기 어렵다고 할 것이

므로 그 주민등록은 그 제3자에 대한 관계에서 유효한 임대차의 공시방법이

될 수 없다고 할 것이며, 이러한 이치는 입찰절차에서의 이해관계인 등이 잘

못된 임차인의 주민등록상의 주소가 건축물관리대장 및 등기부상의 주소를

지칭하는 것을 알고 있었다고 하더라도 마찬가지다.

4. 주택의 소유권보존등기가 이루어진 후 토지의 분할 등으로 인하

여 지적도, 토지대장, 건축물대장 등의 주택의 지번 표시가 등기

부상 지번과 상이하게 된 경우에 대한 판례–대법원 2001. 12. 27 선

고 2001다63216 판결

【판시사항】

[1] 주택임대차보호법 제3조 제1항 소정의 대항요건으로서의 주민등록의 유효

여부에 관한 판단 기준

[2] 주택의 소유권보존등기가 이루어진 후 토지의 분할 등으로 인하여 지적도, 토

지대장, 건축물대장 등의 주택의 지번 표시가 등기부상 지번과 상이하게 된

경우, 토지대장 및 건축물대장상의 지번에 따른 주민등록이 유효한 임대차의

공시방법으로 되는지 여부(적극)

【판결요지】

[1] 주택임대차보호법 제3조 제1항에서 주택의 인도와 더불어 대항력의 요건으로 규정하고 있는 주민등록은 거래의 안전을 위하여 임차권의 존재를 제3자가 명백히 인식할 수 있게 하는 공시방법으로 마련된 것이라고 볼 것이므로, 주민등록이 어떤 임대차를 공시하는 효력이 있는가의 여부는 일반사회 통념상 그 주민등록으로 당해 임대차건물에 임차인이 주소 또는 거소를 가진 자로 등록되어 있다고 인식할 수 있는가의 여부에 따라 결정된다고 할 것이다.

[2] 주택의 인도와 주민등록이라는 임대차의 공시방법은 어디까지나 등기라는 원칙적인 공시방법에 갈음하여 마련된 것이고, 제3자는 주택의 표시에 관한 사항과 주택에 관한 권리관계에 관한 사항을 통상 등기부에 의존하여 파악하고 있으므로, 임대차 공시방법으로서의 주민등록이 등기부상의 주택의 현황과 일치하지 않는다면 원칙적으로 유효한 공시방법이라고 할 수 없으나, 다만 주택의 소유권보존등기가 이루어진 후 토지의 분할 등으로 인하여 지적도, 토지대장, 건축물대장 등의 주택의 지번 표시가 분할 후의 지번으로 등재되어 있으나 등기부에는 여전히 분할 전의 지번으로 등재되어 있는 경우, 임차인이 주민등록을 함에 있어 토지대장 및 건축물대장에 일치하게 주택의 지번과 동 호수를 표시하였다면 설사 그것이 등기부의 기재와 다르다고 하여도 일반의 사회통념상 임차인이 그 지번에 주소를 가진 것으로 제3자가 인식할 수 있다고 봄이 상당하므로 유효한 임대차의 공시방법이 된다.

5. 미등기 주택의 임차인이 임차주택 대지의 환가대금에 대하여 주택임대차보호법상 우선변제권을 행사할 수 있는지에 대한 판례-

대법원 2007.6.21 선고 2004다26133 전원합의체 판결

【판시사항】

[1] 주택임대차 성립 당시 임대인의 소유였던 대지가 타인에게 양도되어 임차주택과 대지의 소유자가 서로 달라지게 된 경우, 임차인이 대지의 환가대금에 대하여 우선변제권을 행사할 수 있는지 여부(적극)

[2] 미등기 또는 무허가 건물도 주택임대차보호법의 적용대상이 되는지 여부(적극)

[3] 미등기 주택의 임차인이 임차주택 대지의 환가대금에 대하여 주택임대차보호법상 우선변제권을 행사할 수 있는지 여부(적극)

【판결요지】

[1] 대항요건 및 확정일자를 갖춘 임차인과 소액임차인은 임차주택과 그 대지가 함께 경매될 경우뿐만 아니라 임차주택과 별도로 그 대지만이 경매될 경우에도 그 대지의 환가대금에 대하여 우선변제권을 행사할 수 있고, 이와 같은 우선변제권은 이른바 법정담보물권의 성격을 갖는 것으로서 임대차 성립시의 임차 목적물인 임차주택 및 대지의 가액을 기초로 임차인을 보호하고자 인정되는 것이므로, 임대차 성립 당시 임대인의 소유였던 대지가 타인에게 양도되어 임차주택과 대지의 소유자가 서로 달라지게 된 경우에도 마찬가지이다.

[2] 주택임대차보호법은 주택의 임대차에 관하여 민법에 대한 특례를 규정함으

로써 국민의 주거생활의 안정을 보장함을 목적으로 하고 있고, 주택의 전부 또는 일부의 임대차에 관하여 적용된다고 규정하고 있을 뿐 임차주택이 관할 관청의 허가를 받은 건물인지, 등기를 마친 건물인지 아닌지를 구별하고 있지 아니하므로, 어느 건물이 국민의 주거생활의 용도로 사용되는 주택에 해당하는 이상 비록 그 건물에 관하여 아직 등기를 마치지 아니하였거나 등기가 이루어질 수 없는 사정이 있다고 하더라도 다른 특별한 규정이 없는 한 같은 법의 적용대상이 된다.

[3] 대항요건 및 확정일자를 갖춘 임차인과 소액임차인에게 우선변제권을 인정한 주택임대차보호법 제3조의 2 및 제8조가 미등기 주택을 달리 취급하는 특별한 규정을 두고 있지 아니하므로, 대항요건 및 확정일자를 갖춘 임차인과 소액임차인의 임차주택 대지에 대한 우선변제권에 관한 법리는 임차주택이 미등기인 경우에도 그대로 적용된다. 이와 달리 임차주택의 등기 여부에 따라 그 우선변제권의 인정 여부를 달리 해석하는 것은 합리적 이유나 근거 없이 그 적용대상을 축소하거나 제한하는 것이 되어 부당하고, 민법과 달리 임차권의 등기 없이도 대항력과 우선변제권을 인정하는 같은 법의 취지에 비추어 타당하지 아니하다. 다만, 소액임차인의 우선변제권에 관한 같은 법 제8조 제1항이 그 후문에서 '이 경우 임차인은 주택에 대한 경매신청의 등기 전에' 대항요건을 갖추어야 한다고 규정하고 있으나, 이는 소액보증금을 배당받을 목적으로 배당절차에 임박하여 가장 임차인을 급조하는 등의 폐단을 방지하기 위하여 소액임차인의 대항요건의 구비시기를 제한하는 취지이지, 반드시 임

차주택과 대지를 함께 경매하여 임차주택 자체에 경매신청의 등기가 되어야 한다거나 임차주택에 경매신청의 등기가 가능한 경우로 제한하는 취지는 아니라 할 것이다. 대지에 대한 경매신청의 등기 전에 위 대항요건을 갖추도록 하면 입법 취지를 충분히 달성할 수 있으므로, 위 규정이 미등기 주택의 경우에 소액임차인의 대지에 관한 우선변제권을 배제하는 규정에 해당한다고 볼 수 없다.

6. '에이(A)동' 이라고 표시된 연립주택의 임차인이 '가' 동이라고 전입신고를 한 경우, 임차인의 주민등록이 임대차의 공시방법으로 유효하다고 판단한 사례-대법원 2003. 6. 10 선고 2002다59351 판결

【판시사항】

[1] 주택임대차보호법 제3조 제1항 소정의 대항요건으로서의 주민등록의 임대차 공시방법으로서의 유효 여부에 관한 판단 기준

[2] 부동산등기부상 '에이(A)동' 이라고 표시된 연립주택의 임차인이 '가' 동이라고 전입신고를 한 경우, 임차인의 주민등록이 임대차의 공시방법으로 유효하다고 판단한 사례

【판결요지】

[1] 주택임대차보호법 제3조 제1항에서 주택의 인도와 더불어 대항력의 요건으로 규정하고 있는 주민등록은 거래의 안전을 위하여 임차권의 존재를 제3자가 명백히 인식할 수 있게 하는 공시방법으로서 마련된 것이라고 볼 것이므

로, 주민등록이 어떤 임대차를 공시하는 효력이 있는지 여부는 일반사회 통념

상 그 주민등록으로 당해 임대차건물에 임차인이 주소 또는 거소를 가진 자로

등록되어 있다고 인식할 수 있는지 여부에 따라 결정되어야 한다.

[2] 부동산등기부상 건물의 표제부에 '에이(A)동' 이라고 기재되어 있는 연립주

택의 임차인이 전입신고를 함에 있어 주소지를 '가동' 으로 신고하였으나 주

소지 대지 위에는 2개 동의 연립주택 외에는 다른 건물이 전혀 없고, 그 2개 동

도 층당 세대수가 한 동은 4세대씩, 다른 동은 6세대씩으로 크기가 달라서 외

관상 혼동의 여지가 없으며, 실제 건물 외벽에는 '가동' , '나동' 으로 표기되어

사회생활상 그렇게 호칭되어 온 경우, 사회통념상 '가동' , '나동' , '에이동' ,

'비동' 은 표시 순서에 따라 각각 같은 건물을 의미하는 것이라고 인식될 여지

가 있고, 더욱이 경매기록에서 경매목적물의 표시가 '에이동' 과 '가동' 으로

병기되어 있었던 이상, 경매가 진행되면서 낙찰인을 포함하여 입찰에 참가하

고자 한 사람들로서도 위 임대차를 대항력 있는 임대차로 인식하는 데에 아무

런 어려움이 없었다는 이유로 임차인의 주민등록이 임대차의 공시방법으로

유효하다고 판단한 사례.

상 가

1. 건축물대장에 '주택'으로 등록되었다고 할지라도 현황상 상가로 이용하고 있다면 상가로 봐야 한다는 판례-대법원 1994. 2. 22 선고 93누21941 판결

【판시사항】

실제로는 상가건물이나 공부상 주택으로 등재된 건물이 택지소유상한에관한법률 제2조 제2호 소정의 '주택' 인지 여부

【판결요지】

택지소유상한에관한법률 제2조 제1호 가목, 제2호 소정의 '주택'은 같은 법률의 입법목적과 실질과세의 원칙에 비추어볼 때 건물공부상의 용도구분이나 구조변경허가에 관계없이 사실상 주거용으로 사용할 수 있도록 건축된 건물을 뜻하는 것이므로 원래 영업용 및 근린생활시설용으로 신축되었는데 다만 건축물관리대장상으로만 그 용도가 주택으로 등재된 건물은 같은 법률 제2조 제2호 소정의 주택에 해당하지 않는다.

2. 임차인이 건물의 일부를 임차하고 대항력을 인정받기 위해선 임차하고 있는 일부에 대해서 도면상의 표시를 특정해야 한다는 판

례-대법원 2008.9.25 선고 2008다44238 판결

【판시사항】

[1] 상가건물임대차보호법 제3조 제1항에서의 '사업자등록' 이 임대차를 공시하

는 효력이 있는지 여부의 판단 기준

[2] 상가건물임대차보호법상 대항력을 인정받기 위하여 사업자등록이 갖추어야

할 요건

【판결요지】

[1] 상가건물임대차보호법 제3조 제1항에서 건물의 인도와 더불어 대항력의 요

건으로 규정하고 있는 사업자등록은 거래의 안전을 위하여 임차권의 존재를

제3자가 명백히 인식할 수 있게 하는 공시방법으로서 마련된 것이므로, 사업

자등록이 어떤 임대차를 공시하는 효력이 있는지 여부는 일반 사회통념상 그

사업자등록으로 당해 임대차건물에 사업장을 임차한 사업자가 존재하고 있

다고 인식할 수 있는지 여부에 따라 판단하여야 한다.

[2] 상가건물임대차보호법 제4조와 그 시행령 제3조 및 부가가치세법 제5조와 그

시행령 제7조(소득세법 및 법인세법상의 사업자등록에 준용)에 의하면, 건물

의 임대차에 이해관계가 있는 자는 건물의 소재지 관할 세무서장에게 임대차

와 사업자등록에 관한 사항의 열람 또는 제공을 요청할 수 있고, 사업자가 사

업장을 임차한 경우에는 사업자등록신청서에 임대차계약서 사본을 첨부하도

록 하여 임대차에 관한 사항의 열람 또는 제공은 첨부한 임대차계약서의 기재

에 의하도록 하고 있으므로, 사업자등록신청서에 첨부한 임대차계약서상의

임대차목적물 소재지가 당해 상가건물에 대한 등기부상의 표시와 불일치하는 경우에는 특별한 사정이 없는 한 그 사업자등록은 제3자에 대한 관계에서 유효한 임대차의 공시방법이 될 수 없다. 또한 위 각 법령의 위 각 규정에 의하면, 사업자가 상가건물의 일부분을 임차하는 경우에는 사업자등록신청서에 해당 부분의 도면을 첨부하여야 하고, 이해관계인은 임대차의 목적이 건물의 일부분인 경우 그 부분 도면의 열람 또는 제공을 요청할 수 있도록 하고 있으므로, 건물의 일부분을 임차한 경우 그 사업자등록이 제3자에 대한 관계에서 유효한 임대차의 공시방법이 되기 위해서는 사업자등록신청시 그 임차 부분을 표시한 도면을 첨부하여야 한다.

3. 상가건물 임대차의 경우 '부가가치세 별도'라는 약정을 하였다면 월세에는 포함되지 않는다는 판례-수원지법 2009.4.29 선고 2008나27056 판결

【판시사항】

임차인이 부담하기로 한 부가가치세액이 상가건물 임대차보호법 제2조 제2항에 정한 '차임'에 포함되는지 여부(소극)

【판결요지】

임차인이 부담하기로 한 부가가치세액이 상가건물 임대차보호법 제2조 제2항에 정한 '차임'에 포함되는지 여부에 관하여 보건대, 부가가치세법 제2조, 제13조, 제15조에 의하면 임차인에게 상가건물을 임대함으로써 임대용역을 공급하

고 차임을 지급받는 임대사업자는 과세관청을 대신하여 임차인으로부터 부가
가치세를 징수하여 이를 국가에 납부할 의무가 있는 바, 임대차계약의 당사자들
이 차임을 정하면서 '부가세 별도' 라는 약정을 하였다면 특별한 사정이 없는 한
임대용역에 관한 부가가치세의 납부의무자가 임차인이라는 점, 약정한 차임에
위 부가가치세액이 포함된 것은 아니라는 점, 나아가 임대인이 임차인으로부터
위 부가가치세액을 별도로 거래징수할 것이라는 점 등을 확인하는 의미로 해석
함이 상당하고, 임대인과 임차인이 이러한 약정을 하였다고 하여 정해진 차임
외에 위 부가가치세액을 상가건물 임대차보호법 제2조 제2항에 정한 '차임'에
포함시킬 이유는 없다.

4. 최초 분양시점이나 약관에 업종제한약정이 있는 경우 낙찰자에게도 승계가 된다는 판례–대법원 2010.5.27 선고 2007다8044 판결

【판시사항】

[1] 건축회사가 상가를 건축하여 점포별로 업종을 지정하여 분양한 경우 수분양
자나 그 지위를 양수한 자가 '업종제한약정' 을 준수할 의무가 있는지 여부(적
극) 및 이는 전체 점포 중 '일부 점포' 에 관해서만 업종제한약정이 있는 경우
에도 마찬가지인지 여부(적극)

[2] 약관의 중요한 내용에 해당하는 사항이라 하더라도 사업자의 명시 · 설명의
무가 면제되는 경우

【판결요지】

[1] 건축회사가 상가를 건축하여 각 점포별로 업종을 지정하여 분양한 경우 그 수 분양자나 수분양자의 지위를 양수한 자는 특별한 사정이 없는 한 그 상가의 점포 입주자들에 대한 관계에서 상호간에 명시적이거나 또는 묵시적으로 분양 계약에서 약정한 업종제한 등의 의무를 수인하기로 동의하였다고 봄이 상당하므로, 상호간의 업종제한에 관한 약정을 준수할 의무가 있다. 그리고 이 때 전체 점포 중 일부 점포에 대해서만 업종이 지정된 경우라고 하더라도, 특별한 사정이 없는 한 적어도 업종이 지정된 점포의 수분양자나 그 지위를 양수한 자들 사이에서는 여전히 같은 법리가 적용된다고 보아야 한다.

[2] 구 약관의 규제에 관한 법률(2007. 8. 3 법률 제8632호로 개정되기 전의 것) 제3조에 따른 명시·설명의무의 대상이 되는 약관의 중요한 사항이라고 하더라도, 고객이나 그 대리인이 그 내용을 충분히 잘 알고 있거나, 거래상 일반적이고 공통된 것이어서 고객이 별도의 설명 없이도 충분히 예상할 수 있었던 경우에는 그러한 사항에 대해서 사업자에게 명시·설명의무가 인정된다고 할 수 없다.

5. 미납 관리비의 경우에는 전용부분, 공용부분 중 공용부분만 인수하면 된다는 판례–대법원 2001. 9. 20 선고 2001다8677 전원합의체 판결

【판시사항】

아파트의 전 입주자가 체납한 관리비가 아파트 관리규약의 정함에 따라 그 특별

승계인에게 승계되는지 여부(=공용부분에 한하여 승계)

【판결요지】

[다수의견] 아파트의 관리규약에서 체납관리비 채권 전체에 대하여 입주자의 지

위를 승계한 자에 대하여도 행사할 수 있도록 규정하고 있다 하더라도, '관리규

약이 구분소유자 이외의 자의 권리를 해하지 못한다' 고 규정하고 있는 집합건

물의소유및관리에관한법률(이하 '집합건물법' 이라 한다) 제28조 제3항에 비추

어볼 때, 관리규약으로 전 입주자의 체납관리비를 양수인에게 승계시키도록 하

는 것은 입주자 이외의 자들과 사이의 권리 · 의무에 관련된 사항으로서 입주자

들의 자치규범인 관리규약 제정의 한계를 벗어나는 것이고, 개인의 기본권을 침

해하는 사항은 법률로 특별히 정하지 않는 한 사적 자치의 원칙에 반한다는 점

등을 고려하면, 특별승계인이 그 관리규약을 명시적, 묵시적으로 승인하지 않는

이상 그 효력이 없다고 할 것이며, 집합건물법 제42조 제1항 및 공동주택관리령

제9조 제4항의 각 규정은 공동주택의 입주자들이 공동주택의 관리 · 사용 등의

사항에 관하여 관리규약으로 정한 내용은 그것이 승계 이전에 제정된 것이라고

하더라도 승계인에 대하여 효력이 있다는 뜻으로서, 관리비와 관련하여서는 승

계인도 입주자로서 관리규약에 따른 관리비를 납부하여야 한다는 의미일 뿐, 그

규정으로 인하여 승계인이 전 입주자의 체납관리비까지 승계하게 되는 것으로

해석할 수는 없다. 다만, 집합건물의 공용부분은 전체 공유자의 이익에 공여하

는 것이어서 공동으로 유지·관리해야 하고 그에 대한 적정한 유지·관리를 도모하기 위하여는 소요되는 경비에 대한 공유자 간의 채권은 이를 특히 보장할 필요가 있어 공유자의 특별승계인에게 그 승계의사의 유무에 관계없이 청구할 수 있도록 집합건물법 제18조에서 특별규정을 두고 있는 바, 위 관리규약 중 공용부분 관리비에 관한 부분은 위 규정에 터잡은 것으로서 유효하다고 할 것이므로, 아파트의 특별승계인은 전 입주자의 체납관리비 중 공용부분에 관하여는 이를 승계하여야 한다고 봄이 타당하다.

＊전용부분 : 전기료, 수도료, 하수도료, 세대난방료, 급탕료, TV수신료 등

＊공용부분 : 청소비, 오물수거비, 소독비, 승강기유지비, 공용부분 난방비, 공용부분 급탕비, 일반관리비 등

6. 미납 관리비 공용부분은 낙찰자가 부담해야 되지만 연체료는 제외한다는 판례-대법원 2006.6.29 선고 2004다3598,3604 판결

【판시사항】

[1] 집합건물의 소유 및 관리에 관한 법률 제18조의 입법 취지 및 전(前) 구분소유자의 특별승계인에게 전 구분소유자의 체납관리비를 승계하도록 한 관리규약의 효력(=공용부분 관리비에 한하여 유효)

[2] 집합건물의 전(前) 구분소유자의 특정승계인에게 승계되는 공용부분 관리비의 범위 및 공용부분 관리비에 대한 연체료가 특별승계인에게 승계되는 공용부분 관리비에 포함되는지 여부(소극)

[3] 상가건물의 관리규약상 관리비 중 일반관리비, 장부기장료, 위탁수수료, 화재 보험료, 청소비, 수선유지비 등이 전(前) 구분소유자의 특별승계인에게 승계 되는 공용부분 관리비에 포함된다고 한 사례

[4] 집합건물의 관리단이 전(前) 구분소유자의 특별승계인에게 특별승계인이 승 계한 공용부분 관리비 등 전 구분소유자가 체납한 관리비의 징수를 위해 단 전·단수 등의 조치를 취한 사안에서, 관리단의 위 사용방해행위가 불법행위 를 구성한다고 한 사례

[5] 집합건물의 관리단 등 관리주체의 불법적인 사용방해행위로 인하여 건물의 구분소유자가 그 건물을 사용·수익하지 못한 경우, 구분소유자가 그 기간 동 안 발생한 관리비채무를 부담하는지 여부(소극)

【판결요지】

[1] 집합건물의 소유 및 관리에 관한 법률 제18조에서는 공유자가 공용부분에 관 하여 다른 공유자에 대하여 가지는 채권은 그 특별승계인에 대하여도 행사할 수 있다고 규정하고 있는데, 이는 집합건물의 공용부분은 전체 공유자의 이익 에 공여하는 것이어서 공동으로 유지·관리되어야 하고 그에 대한 적정한 유 지·관리를 도모하기 위하여는 소요되는 경비에 대한 공유자 간의 채권은 이 를 특히 보장할 필요가 있어 공유자의 특별승계인에게 그 승계의사의 유무에 관계없이 청구할 수 있도록 하기 위하여 특별규정을 둔 것이므로, 전(前) 구분 소유자의 특별승계인에게 전 구분소유자의 체납관리비를 승계하도록 한 관 리규약 중 공용부분 관리비에 관한 부분은 위와 같은 규정에 터 잡은 것으로

유효하다.

[2] 집합건물의 전(前) 구분소유자의 특정승계인에게 승계되는 공용부분 관리비에는 집합건물의 공용부분 그 자체의 직접적인 유지 · 관리를 위하여 지출되는 비용뿐만 아니라, 전유부분을 포함한 집합건물 전체의 유지 · 관리를 위해 지출되는 비용 가운데에서도 입주자 전체의 공동의 이익을 위하여 집합건물을 통일적으로 유지 · 관리해야 할 필요가 있어 이를 일률적으로 지출하지 않으면 안 되는 성격의 비용은 그것이 입주자 각자의 개별적인 이익을 위하여 현실적 · 구체적으로 귀속되는 부분에 사용되는 비용으로 명확히 구분될 수 있는 것이 아니라면, 모두 이에 포함되는 것으로 봄이 상당하다. 한편 관리비 납부를 연체할 경우 부과되는 연체료는 위약벌의 일종이고, 전(前) 구분소유자의 특별승계인이 체납된 공용부분 관리비를 승계한다고 하여 전 구분소유자가 관리비 납부를 연체함으로 인해 이미 발생하게 된 법률효과까지 그대로 승계하는 것은 아니라 할 것이어서, 공용부분 관리비에 대한 연체료는 특별승계인에게 승계되는 공용부분 관리비에 포함되지 않는다.

[3] 상가건물의 관리규약상 관리비 중 일반관리비, 장부기장료, 위탁수수료, 화재보험료, 청소비, 수선유지비 등은 모두 입주자 전체의 공동의 이익을 위하여 집합건물을 통일적으로 유지 · 관리해야 할 필요에 의해 일률적으로 지출되지 않으면 안 되는 성격의 비용에 해당하는 것으로 인정되고, 그것이 입주자 각자의 개별적인 이익을 위하여 현실적 · 구체적으로 귀속되는 부분에 사용되는 비용으로 명확히 구분될 수 있는 것이라고 볼 만한 사정을 찾아볼 수 없

는 이상, 전(前) 구분소유자의 특별승계인에게 승계되는 공용부분 관리비로

보아야 한다고 한 사례

[4] 집합건물의 관리단이 전(前) 구분소유자의 특별승계인에게 특별승계인이 승

계한 공용부분 관리비 등 전 구분소유자가 체납한 관리비의 징수를 위해 단

전·단수 등의 조치를 취한 사안에서, 관리단의 위 사용방해행위가 불법행위

를 구성한다고 한 사례

[5] 집합건물의 관리단 등 관리주체의 위법한 단전·단수 및 엘리베이터 운행정

지 조치 등 불법적인 사용방해행위로 인하여 건물의 구분소유자가 그 건물을

사용·수익하지 못하였다면, 그 구분소유자로서는 관리단에 대해 그 기간 동

안 발생한 관리비채무를 부담하지 않는다고 보아야 한다.

서울지법 2000. 5. 17. 선고 99나94209 판결

【판시사항】

[1] 아파트 소유권을 취득한 사람에게 전 소유자의 체납관리비채무를 승계하도

록 규정한 공동주택관리규약의 효력 여부(무효)

[2] 공동주택관리규약은 입주자의 지위를 승계한 자에 대하여도 그 효력이 있다

는 공동주택관리령 제9조 제4항 규정의 의미 및 효력

【판결요지】

[1] 승계인의 의사 여하 또는 선의, 악의를 불문하고 승계인으로 하여금 전 입주

자의 체납관리비를 부담하도록 하고 있는 공동주택관리규약의 규정은 승계

인으로 하여금 불측의 재산상의 피해를 입게 할 수 있다는 점에서 헌법상 기본권 제한의 한계로서 요구되는 비례의 원칙을 준수하여야 하는 바, 이러한 관점에서 위 공동주택관리규약의 규정을 살펴볼 때 관리비의 효율적 징수를 통해서 공동주택의 효율적 관리를 기하고 대다수 입주자들의 이익을 보호하여야 할 필요성이 있다는 점에서 위 규정은 그 목적의 정당성이 인정된다고 볼 여지는 있다고 하더라도, 체납관리비를 승계되는 것으로 하지 않으면 이에 대한 처리가 불가능한 것이라고 할 수도 없을 뿐만 아니라, 승계인으로 하여금 전 입주자의 관리비 체납사실을 미리 알 수 있도록 하는 아무런 제도적 장치도 없고 승계되는 체납 관리비의 액수의 한도도 없는 상황에서 승계인의 의사 여하 또는 그 선의, 악의를 불문하고 전 입주자의 체납관리비를 승계하도록 하는 것은 위와 같은 목적을 이루기 위한 수단으로써의 적정성을 갖추지 못하였을 뿐만 아니라 피해의 최소성 원칙에도 어긋나 기본권 제한의 한계로서의 비례의 원칙을 일탈하여 승계인의 재산권의 본질적 내용을 침해하는 것이라 할 것이므로, 결국 위 규정은 헌법상 요구되는 비례의 원칙에 위반하여 승계인의 재산권을 과도하게 침해하는 위헌적인 규정일 뿐만 아니라 사적 자치의 원칙에도 반하여 민법 제103조 소정의 선량한 풍속, 기타 사회질서에 위반되므로 그 효력이 없다.

[2] 공동주택관리규약은 입주자의 지위를 승계한 자에 대하여도 그 효력이 있다는 공동주택관리령 제9조 제4항의 규정은 공동주택의 입주자들이 공동생활의 질서유지와 주거생활의 향상을 위하여 공동주택의 관리, 사용 등의 사항에

관하여 공동주택관리규약으로 정한 내용이 승계인에 대하여도 효력이 있다는 뜻으로서, 관리비와 관련하여서는 승계인도 공동주택관리규약에 따른 관리비를 납부하여야 한다는 의미로 해석될 뿐, 그 규정에 의하여 승계인이 전 입주자의 체납관리비까지도 승계하여 부담하는 것으로 해석되지는 않는다 할 것이고, 만약 그렇지 아니하고 위 공동주택관리령의 규정에 의하여 승계인에게 전 입주자의 체납관리비 채무가 승계되는 것으로 해석된다고 한다면, 그 규정은 기본권 제한의 한계로서의 비례의 원칙을 일탈하여 승계인의 재산권을 과도하게 침해하는, 즉 재산권의 본질적 내용을 침해하는 위헌적인 규정이라고 아니할 수 없다.

창원지법 1997. 7. 25. 선고 97나3501 판결 : 확정

【판시사항】

경락으로 아파트 소유권을 취득한 자에게 그 소유권 취득 이전의 체납관리비 납부의무가 있는지 여부(소극)

【판결요지】

경락으로 아파트 소유권을 취득한 자는 원시취득자로서 집합건물의소유및관리에관한법률 제27조 제2항, 공동주택관리령 제9조 제4항 소정의 '승계인' 이라 할 수 없으므로, 그 소유권 취득 이전의 체납관리비에 대하여는 납부의무가 없다.

7. 대법원 판례 중 집합건물의 관리단이 실제적인 자치관리를 개시

하기 전에 분양을 마치지 못한 건축주가 집합건물의 관리를 하면서 관리비용으로 사용하기 위해 차용한 채무에 대하여 관리단의 부담 또는 포괄인수를 부정한 판례-대법원 1996. 12. 10 선고 96다12054 판결

【판시사항】

집합건물의 관리단이 실제적인 자치관리를 개시하기 전에 분양을 마치지 못한 건축주가 집합건물의 관리를 하면서 관리비용으로 사용하기 위해 차용한 채무에 대하여 관리단의 부담 또는 포괄인수를 부정한 사례

【판결요지】

집합건물의소유및관리에관한법률 제23조 제1항에 의한 집합건물의 관리단은 어떠한 조직행위가 없더라도 구분소유자 전원을 구성원으로 하여 당연히 성립되는 것이지만, 관리단이 실제로 조직되지 아니한 상태에서 미분양된 전유부분의 소유자로서 구분소유자 중의 1인인 건축주가 주체가 되어 건물을 사실상 관리하여 왔다면 그것을 바로 관리단에 의한 자치적 관리로 볼 수는 없고, 설사 빌딩 내 점포소유자와 임차인들 중 층별 대표자들로 자치관리준비위원회가 조직되고 그 자치관리준비위원회가 그 이후에 발족한 관리단과 동일성이 인정되는 단체라고 하더라도 실제로 건축주로부터 관리권을 넘겨받아 자치관리를 개시하지는 못하고 여전히 건축주가 주체가 되어 빌딩을 관리하였다면 건축주가 관리하던 기간 동안에 발생한 채권채무는 건축주에게 귀속되고 준비위원회에 귀속되지 않는다는 이유로, 관리단으로서는 스스로 실제적인 자치관리를 개시

하기 전에 건축주가 관리하던 기간 동안에 건축주가 관리비용으로 사용하기

위하여 차용한 채무에 대하여 이를 부담한다거나 포괄인수한다고 할 수 없다

고 본 사례

8. 미납 관리비를 이유로 관리사무소에서 단전, 단수 조치를 했을

경우(불법임)에는 낙찰자가 사용을 하지 못한 기간에 발생된 관

리비는 부담하지 않아도 된다는 판례-대법원 2006.6.29 선고 2004다

35983604 판결

【판시사항】

[1] 집합건물의 소유 및 관리에 관한 법률 제18조의 입법 취지 및 전(전) 구분소유

자의 특별승계인에게 전 구분소유자의 체납관리비를 승계하도록 한 관리규

약의 효력(=공용부분 관리비에 한하여 유효)

[2] 집합건물의 전(전) 구분소유자의 특정승계인에게 승계되는 공용부분 관리비

의 범위 및 공용부분 관리비에 대한 연체료가 특별승계인에게 승계되는 공용

부분 관리비에 포함되는지 여부(소극)

[3] 상가건물의 관리규약상 관리비 중 일반관리비, 장부기장료, 위탁수수료, 화재

보험료, 청소비, 수선유지비 등이 전(전) 구분소유자의 특별승계인에게 승계

되는 공용부분 관리비에 포함된다고 한 사례

[4] 집합건물의 관리단이 전(전) 구분소유자의 특별승계인에게 특별승계인이 승

계한 공용부분 관리비 등 전 구분소유자가 체납한 관리비의 징수를 위해 단

전·단수 등의 조치를 취한 사안에서, 관리단의 위 사용방해행위가 불법행위를 구성한다고 한 사례

[5] 집합건물의 관리단 등 관리주체의 불법적인 사용방해행위로 인하여 건물의 구분소유자가 그 건물을 사용·수익하지 못한 경우, 구분소유자가 그 기간 동안 발생한 관리비채무를 부담하는지 여부(소극)

【판결요지】

[1] 집합건물의 소유 및 관리에 관한 법률 제18조에서는 공유자가 공용부분에 관하여 다른 공유자에 대하여 가지는 채권은 그 특별승계인에 대하여도 행사할 수 있다고 규정하고 있는데, 이는 집합건물의 공용부분은 전체 공유자의 이익에 공여하는 것이어서 공동으로 유지·관리되어야 하고 그에 대한 적정한 유지·관리를 도모하기 위하여는 소요되는 경비에 대한 공유자 간의 채권은 이를 특히 보장할 필요가 있어 공유자의 특별승계인에게 그 승계의사의 유무에 관계없이 청구할 수 있도록 하기 위하여 특별규정을 둔 것이므로, 전(前) 구분소유자의 특별승계인에게 전 구분소유자의 체납관리비를 승계하도록 한 관리규약 중 공용부분 관리비에 관한 부분은 위와 같은 규정에 터 잡은 것으로 유효하다.

[2] 집합건물의 전(前) 구분소유자의 특정승계인에게 승계되는 공용부분 관리비에는 집합건물의 공용부분 그 자체의 직접적인 유지·관리를 위하여 지출되는 비용뿐만 아니라, 전유부분을 포함한 집합건물 전체의 유지·관리를 위해 지출되는 비용 가운데에서도 입주자 전체의 공동의 이익을 위하여 집합건물

을 통일적으로 유지·관리해야 할 필요가 있어 이를 일률적으로 지출하지 않으면 안 되는 성격의 비용은 그것이 입주자 각자의 개별적인 이익을 위하여 현실적·구체적으로 귀속되는 부분에 사용되는 비용으로 명확히 구분될 수 있는 것이 아니라면, 모두 이에 포함되는 것으로 봄이 상당하다. 한편, 관리비 납부를 연체할 경우 부과되는 연체료는 위약벌의 일종이고, 전(前) 구분소유자의 특별승계인이 체납된 공용부분 관리비를 승계한다고 하여 전 구분소유자가 관리비 납부를 연체함으로 인해 이미 발생하게 된 법률효과까지 그대로 승계하는 것은 아니라 할 것이어서, 공용부분 관리비에 대한 연체료는 특별승계인에게 승계되는 공용부분 관리비에 포함되지 않는다.

[3] 상가건물의 관리규약상 관리비 중 일반관리비, 장부기장료, 위탁수수료, 화재보험료, 청소비, 수선유지비 등은 모두 입주자 전체의 공동의 이익을 위하여 집합건물을 통일적으로 유지·관리해야 할 필요에 의해 일률적으로 지출되지 않으면 안 되는 성격의 비용에 해당하는 것으로 인정되고, 그것이 입주자 각자의 개별적인 이익을 위하여 현실적·구체적으로 귀속되는 부분에 사용되는 비용으로 명확히 구분될 수 있는 것이라고 볼 만한 사정을 찾아볼 수 없는 이상, 전(前) 구분소유자의 특별승계인에게 승계되는 공용부분 관리비로 보아야 한다고 한 사례

[4] 집합건물의 관리단이 전(前) 구분소유자의 특별승계인에게 특별승계인이 승계한 공용부분 관리비 등 전 구분소유자가 체납한 관리비의 징수를 위해 단전·단수 등의 조치를 취한 사안에서, 관리단의 위 사용방해행위가 불법행위

를 구성한다고 한 사례

[5] 집합건물의 관리단 등 관리주체의 위법한 단전·단수 및 엘리베이터 운행정지 조치 등 불법적인 사용방해행위로 인하여 건물의 구분소유자가 그 건물을 사용·수익하지 못하였다면, 그 구분소유자로서는 관리단에 대해 그 기간 동안 발생한 관리비채무를 부담하지 않는다고 보아야 한다.

＊만약에 이런 경우가 발생한다면, 낙찰자는 관리사무소에 대하여 건물의 임대료에 상응하는 금액에 대해 손해배상의 책임을 물을 수가 있고, 관리사무소 통장에 가압류를 걸 수도 있다.

9. 관리비의 소멸시효는 3년이다. 민법 제163조(3년의 단기소멸시효)에 해당이 된다. 3년의 단기소멸시효에 걸리는 것으로 규정한 '1년 이내의 기간으로 정한 채권'이란 1년 이내의 정기로 지급되는 채권을 말하는 것으로서 1개월 단위로 지급되는 집합건물의 관리비채권은 이에 해당한다고 한 판례-대법원 2005다65821 판결

월세 낼 돈이면 경매로 집 산다

제1판 1쇄 인쇄 | 2015년 7월 17일
제1판 1쇄 발행 | 2015년 7월 24일

지은이 | 안영태
펴낸이 | 고광철
펴낸곳 | 한국경제신문 한경BP
편집주간 | 전준석
편집 | 황혜정 · 마수미
기획 | 이지혜 · 백상아
홍보 | 정명찬 · 이진화
마케팅 | 배한일 · 김규형
디자인 | 김홍신

주소 | 서울특별시 중구 청파로 463
기획출판팀 | 02-3604-553~6
영업마케팅팀 | 02-3604-595, 583 FAX | 02-3604-599
H | http://bp.hankyung.com   E | bp@hankyung.com
T | @hankbp   F | www.facebook.com/hankyungbp
등록 | 제 2-315(1967. 5. 15)

ISBN 978-89-475-4029-2   03320